智元微库
OPEN MIND

成 长 也 是 一 种 美 好

声势

你的声音价值百万

蒋德明 著

人民邮电出版社

北京

图书在版编目（CIP）数据

声势：你的声音价值百万 / 蒋德明著. -- 北京 ：
人民邮电出版社，2025. -- ISBN 978-7-115-66215-6

Ⅰ．F713.365.2

中国国家版本馆 CIP 数据核字第 20250UA320 号

◆　　著　蒋德明
　　责任编辑　张渝涓
　　责任印制　周昇亮
◆人民邮电出版社出版发行　　北京市丰台区成寿寺路 11 号
　邮编 100164　　电子邮件 315@ptpress.com.cn
　网址 https://www.ptpress.com.cn
　天津千鹤文化传播有限公司印刷
◆开本：880×1230　1/32
　印张：7.5　　　　　　　　　　2025 年 3 月第 1 版
　字数：165 千字　　　　　　　　2025 年 3 月天津第 1 次印刷

定　价：59.80 元

读者服务热线：（010）67630125　印装质量热线：（010）81055316
反盗版热线：（010）81055315

序言
为何要写这本书

这是一本写给普通人的全新自媒体修炼指南，这个自媒体就是播客，虽然你可能不熟悉它，但是它却充满了机会与可能。

播客，一种数字广播技术，是只通过声音交流的自媒体，主播无须担心自己的形象是否上镜，无须担忧是否需要投入大量资金，无须考虑如何布景。不过，很多人可能担心自己的声音不过关，毕竟绝大多数自媒体创作者，并非播音专业出身。

这个问题大家完全没必要担心，最近几年我一直在帮助主播们解决这个问题——教授声音快速提升法，而这套方法，是我自己通过声音教学与声音实战总结出来的。

从 2020 年起，我便和中华书局一同策划了一档经典共读直播栏目，而我成了栏目的主持人，在几十期的直播节目里，我采访了国内诸多顶尖的历史与传统文化学者，同时对声音表达产生了浓厚的兴趣。于是从 2021 年起，我开始研究如何能够快速有效地提升声音表达能力，从 2022 年起，我创办了一万多名主播入驻的有声孵化平台——万花有声基地，并指导上千名主播快速提升声音表达能力。

自从播客在国内兴起，我的学员们也相继进入了这个新兴领域，通过对他们的指导，我也把声音快速提升法的应用延伸到了播客领域。让学员在声音基础不好的情况下做好播客，就是我的主要任务。我总结出了所用方法，便有了这本书的雏形。

只要按照我的方法不断实践，大家自身的声音基础再差都不会成为做播客的障碍。实际上，你们是否怀揣着一个借助自媒体实现人生价值的梦想，才是最重要的。

你是否十分羡慕那些知名主播？他们借助短视频等平台，实现自己的价值；你是否曾梦想成为一个互联网意见领袖，在自己擅长的领域侃侃而谈，为平淡的生活增添一分精彩？播客其实就是一个打造优质斜杠青年的机会。

斜杠青年是什么？其实就是在本职工作以外，在其他平台或渠道，拥有另一重身份的那些"超级个体"，你所见到的网络小说作家、短视频主播、直播达人、小红书博主等都属于这样的"超级个体"。他们在生活中有属于自己的天然身份，而在互联网平台上，也展现出了另一番精彩。

互联网是一个诞生"斜杠青年"的地方，从最开始走进大众视野到现在，短短20多年，互联网不仅发生了多次技术及形式的变革，更成了每个人都能绽放光芒的舞台。

从2009年微博的横空出世，到2018年抖音的一骑绝尘，再到2021年小红书的崛起，你可能因错过了它们带来的机会而备感遗憾。而播客，正当其时，我们现在可以着手学习并打造自己的节目和品牌。

我们来看看播客的特点。

第一，播客是音频节目，无须主播出镜，这对很多不喜欢出镜露脸的人来说，非常友好。

第二，播客是一档录制好的节目，我们无须具备做直播所需的应变能力，即使我们刚刚开始做播客，只要方法得当，也不会和成熟主播差距太大。

第三，播客重视观点的表达和互动，这意味着播客比其他的自媒体平台更容易表达个体的特质与风采，表达自我总是更容易的。

第四，播客平台多种多样，目前可做播客的自媒体平台很多，几乎所有的音频平台都能成为我们做播客的舞台。我们可以选择自己熟悉的自媒体平台，做自己喜欢的节目，自由度很高。

第五，变现方式灵活，我们会详细讲述，其他自媒体拥有的变现方式，播客也都有，它的变现能力，并不亚于那些名气更大的自媒体。

本书适合的读者

本书的定位是对于播客的普及和实战，无论你是初入播客的新人，还是其他自媒体平台的达人，本书可以帮你快速了解播客制作的知识并掌握其方法，指导你走好制作播客的每一步。

本书适合以下读者阅读。

（1）专家学者。各行业的专家学者，都需要合适的自媒体平台来传达自己的观点与学识，传递自身价值，播客就是非常合适的传播媒介，本书也将带你们掌握快速实现价值传播的简单方法。

（2）企业高级管理者。除了自身的生产和经营，企业的品牌建设同样重要，在广告以外，构筑令消费者认可的品牌形象，而播客就可以为企业打造"品牌人设"，本书将为你带来如何打造"品牌人设"和品牌形象的方法论。

（3）成熟的自媒体达人。你可能已经在抖音、小红书等自媒体平台有了经验和成就，你同样可以入局播客，利用你已有的经验和本书讲解的播客相关内容，在播客这个新的自媒体平台，迅速站稳脚跟。

（4）想做自媒体的新人。如果你还没有其他自媒体平台的创作经验，但想通过自媒体实现自己的价值，本书可以帮助你简单又快速地掌握必要方法和技巧，让你实现从零到一的突破。

如何用好这本书

第一，本书是围绕帮助普通人零基础做好播客展开的，书中以五大维度为主线展开论述。大家可以先建立关于五大维度的总体概念，再通过书中内容来深入理解。

（1）分析与调研：在播客领域，我们先成为听众，然后超越听众，站在听众的角度看待播客，会有更深刻的感想与领悟。

（2）人设：我们能给听众什么样的价值输出和形象展现。

（3）爆款：我们展现的价值与形象，如何得到更多听众的认可。

（4）声音：通过声音的表现力，来传达良好的人设形象。

（5）运营：让播客专辑取得更好的收听数据和知名度，为变现打下良好的基础。

第二，每个章节围绕一个播客关键问题展开讲解，我的新学员小七会贯穿始终，与大家一起学习。同时，为了方便大家理解，书中会穿插播客主播的真实访谈故事，这些主播有的是成功者，有的正在努力，有的已离开播客行业，无论什么样的故事，都是播客行业应有的各个侧面，希望大家通过这些真实访谈故事，深刻理解如何做好播客。

第三，本书是播客制作实战方法指南，每个章节相对独立，读者可根据自己的实际情况从任意一个章节开始阅读。不过还是建议初学者从第一章开始阅读，以获取最全面的零基础播客成长指南。

就让我们翻开这本书，跟随我指导过的学员的故事，一起来了解播客、学习播客相关知识，最后尝试制作属于自己的播客吧！

目 录 CONTENTS

第三章 爆款修炼指南

第四章 声音技巧修炼

第五章 播客音频这么做

第六章 播客运营宝典

第七章 播客变现宝典

第八章 播客的未来

第一章

播客初体验

我第一次听到"播客"这个词，是在某个综合性音频平台上，当时我已经在系统性地为有声主播做演播指导了，看着大家开启有声书的录制生涯，我开心得不得了。

"播客"这个词，让我颇有兴致，它让我想起了曾一度远离了自己生活圈的广播节目。

我理解的播客，简而言之，就是自己做"广播"的创作客。时至今日，我依然觉得我的判断不算错。

我第二次听到"播客"这个词，是在与一位学员通电话时。

"蒋老师，播客怎么做？"这是一位我很熟悉的学员，她在有声演播方面进步非常大。

"你说你想做播客？"

"对，播客。蒋老师，我想了解一下怎么做播客。"她的声音很诚恳，听起来并不是心血来潮。

"为什么突然想做播客了呢？我记得你已经开始做有声书了。"我还是想确认一下她的诉求，毕竟人的精力有限，同时做几个方向完全不同的工作，很可能最终颗粒无收。

"我觉得我无法将自己代入小说人物的情绪中，有声书我做不好。"

"你说得挺合理，那我就给你讲讲关于播客的那些事。"

于是，就有了这本书。正在阅读本书的你，也可以跟着本书的主播们一起，奔赴这场理想和机遇共存的波澜征途。

以下 23 篇指南及 10 个主播故事，既是播客主播的心路历程，同时，也从各个方面，帮你认识播客。让我们从第一个故事开始吧！

何为播客：
小七的故事

前面提到的这位主播学员，名叫小七。她是一位脚踏实地的有声书学员，和我学习做播客的原因，用她的话说："我觉得我的声音很有特点，想用我的声音做点有意思的事儿，于是就想做播客了。"

她觉得用声音传播价值，很酷，也很有意思，于是开启了学习生涯。

她学得很快，由于在声音方面的先天条件很好，不到两个月的时间，就掌握了"讲好故事"的要领。但她对故事层次的把控一直有问题，我一开始以为她在语感和情绪把控方面有一些短板，便努力帮她调整和优化。

我曾问她，为何觉得自己适合做播客——这个还在不断变化和发展的自媒体形式。

她是这样和我说的：

"我想表达一些观点，想与别人分享我身边有意思的东西。

但是，演播别人写的东西，让我觉得不自在。前几天我听说了'播客'，也试听了几期播客节目，还真挺有趣的。

"听完后，我觉得我也应该试着表达一些东西。

"我自己梳理了几个内容要点，一会儿我发给您。

"不过整理完后，我的疑问也更多了。

"第一，我对播客的了解太少了，只听了几期，下意识就觉得自己也能做，不过究竟怎么做，我不知道，感觉用做有声书的经验，并不能解决做播客的问题。

"第二，我总感觉自己梳理出来的内容要点太散乱，我真的能做好吗？"

听完了小七的问题，我觉得她的问题，应该是每一个想做播客的人都会有的前期顾虑。我仔细阅读了她发给我的文字内容，也就是她说的内容要点。小七的想法还真挺多，洋洋洒洒写了6个方向，我略做整理和简化，归结为下面的6点。

（1）与女性生活相关的内容，比如美妆、穿搭、瑜伽等。

（2）与生活兴趣相关的内容，比如旅游、阅读、宠物、电影等。

（3）小七最近在学习的声音技巧知识。

（4）小七个人很擅长的情感分析和性格分析。

（5）讲故事。

（6）网络和社会热点的解读。

小七这是总结了播客选题的半壁江山啊！

当然，这句话我并没有说给她听，只是先耐心地帮她解答何为播客。

为了更好地让她入门播客，我将我对播客的理解和认知，做成了思路整理。我找了一个咖啡店，选了一个安静的位置，打开笔记本电脑，连通网络会议，为千里之外的小七讲了一次播客入门课。

何为播客，这个问题，可以分 3 个层面看待。

概念层面

在概念层面，我会用字面意思解释做播客的含义，即做"类似广播栏目"的创作者。此外有两个关键词，一是"广播"，二是"创作"。

广播，即播客节目的形式属性，有广播栏目的时效性和互动性。时效性，指的是我们要从现实生活中摘取当下大家关心的话题和热点，在内容方面可能会有时间上的局限性。互动性，指的是和听众进行节目互动和共创，接受听众投稿，让你的听众成为你的伙伴，而非单纯地成为你的粉丝。

创作，即播客节目的内容来源，需要创作。无论是原创还是共创，一定要表达出属于主播的思路和想法，带有人性的独特观点更容易被听众理解和共情。

做法层面

在做法层面，我对播客的理解是"垂直"+"延展"。

垂直：一档播客栏目，要有核心价值传达。围绕一个栏目核心主题，创作相关专题内容，吸引相同调性的听众，在主题上垂直。

延展：自媒体内容切忌单调，播客自然也不例外。日复一日地循环相似内容，听众是会感到枯燥甚至厌倦的，想让听众保持新鲜度，就需要不断进行内容延展。内容延展的一种方式是横向延展，即在栏目核心主题的基础上，持续延展相关的话题。比如我们的栏目核心主题是电影，那么，不进行内容延展的就是一期节目介绍一部电影，相关话题就是各种电影的赏析，长此以往，内容必然会比较单调。横向延展则是加入电影明星动态、票房速递、近期电影引发的话题等内容。除了横向延展，还可以进行纵向延展，纵向延展就是加入各类电影发展历史、电影诞生解析等内容。本源＋横向＋纵向，以百科全书的形式打开一个话题大门，展现色彩斑斓的新世界。

生态层面

在生态层面，我们应该如何做好播客呢？ 节目是人做的，一定会带有人文关怀和人性温度，因此运营就非常重要，运营做好了，会让听众认同并习惯收听你的节目。

我们要引导话题、开设活动、维系听友社群、开展听众交互，通过善意的引导，让听众从对我们感兴趣到认同我们，逐渐成为我们的"铁粉"。

同时，我们也不能忽视播客所带来的收益。"为爱发电"总归不长久，而一件能产生良性收益的事情，才是值得每个人去孜孜不倦追求的。

这个收益不完全是金钱，我们通过播客获得的粉丝、成就感、在某领域的知名度等，都会让我们产生收获感，这份收获感更能彰显我们的价值和做播客的意义。

"好了，小七，你愿意为此去努力吗？"我问道。

小七想了一会儿，告诉我："感谢蒋老师的答疑解惑，我觉得这是一种适合我的自媒体，我要做播客。"

就这样，我的第一个播客学员诞生了，我开始研究并逐步扩展如何做播客这个话题，下一个关于听众的故事，就此展开。

讲给谁听：
3 个播客听众的故事

有了小七这位学员，让我觉得使命感倍增。播客是一个崭新的自媒体，2020 年进入人们的视野，到了 2022 年，播客才刚刚打开了一些局面。

我不认为，播客会继续以小众的形象存在于人们的内心，它应该会像抖音、小红书等一样，在崛起之前，先在小众群体中迅速积蓄力量。而播客，目前就处于积蓄力量的阶段。

是谁在听播客？大家都因为什么而听？都在听什么呢？

关于播客，我能问出很多个"为什么"。我把这些"为什么"说给了 3 位播客听众，接下来让这 3 位播客听众来聊一下，他们对播客的感受吧。

第一个故事：文字工作者的赚钱思维

在我准备采访播客听众时，第一位播客听众主动找到了我，她是一名文字编辑，名叫 Free。

"蒋老师，您在找播客听众吗？我就是现成的！"

当我梳理出几个想问的问题后，Free 就开始滔滔不绝地讲述自己和播客的奇妙缘分。

"我从 2018 年开始在喜马拉雅^① 听音频，去年开始听小宇宙^② 的播客节目，比如纵横四海、满地找钱、搞钱女孩、半拿铁等，都是我喜欢的播客，这些播客的内容涉及读书、商业、赚钱这几个方面。"

"你为什么喜欢听播客呢？"我问道。

"其实我听播客，主要有两个原因，第一个是能获取自己感兴趣的知识和新鲜信息，由于本职工作的原因，我也希望从中发掘出有潜力的作者；第二个是娱乐，偶尔听听小说、比较轻松的娱乐类内容，给生活增加点乐趣。"

"你常听的几个播客主播，我也刚好挺喜欢的，后面我也会邀请一些播客主播来分享一下做播客的心路历程。"之后，我便真的采访了几位小有成就的播客主播，这些访谈嘉宾将会在下面某些章节出现。

"Free，我想知道，你平时怎么选择播客节目呢？"

---

① 音频分享平台，于 2013 年 3 月上线。

② 小宇宙是一款播客 App，于 2020 年 3 月正式发布。

　　她略加思索，然后回道："感兴趣的话题是我选择播客节目的最重要因素，通常是某个话题引发了我的共鸣，让我开始收听某个播客节目。

　　"比如，有一个讲底层自信的播客节目，就让我持续收听了好几期。而'满地找钱'有一期讲年轻人如何省钱的节目，也让我开始听这个播客。

　　"当然，有时我也会被有趣的文案吸引。有一次我看到'跳进兔子洞'的文案，感觉超级有趣，好奇心驱使我点开了那个播客节目，听完了那一期。

　　"当然，有时我因为有趣的文案点开播客节目，但并不一定会持续收听，驱使我持续收听的播客节目，一定是内容真的能打动我的播客节目。比如我在收听商业类、赚钱类播客节目的时候，我希望主播能透彻介绍自己的赚钱办法，让我感觉的确有所启发，有助于培养我个人的商业思维。我也喜欢那些超过我预期的播客节目。"

　　与 Free 的访谈，让我看到了文字工作者跳脱的另一面，而下一位听众，则展示给我一个颇为冷静的听众形象。

第二个故事：斜杠青年的理性思考

　　第二位听众，是我的一位学员，也是一名兼职主播。

她叫王冠群，在有声行业已有丰富的后期制作经验，当她告诉我，她也是一名忠实的播客听众时，我立刻开始了与她的这次远程通话访谈。

"蒋老师，您好，我从去年年底开始收听播客，我来详细介绍一下我作为听众的一些感受。"

于是我开启了"听众模式"，感受来自另一位主播的"追播感言"。

她是去年年底才开始收听播客的，收听的原因和前面的Free 很像，也是看到了自己感兴趣的话题。她感兴趣的是财经和新闻资讯类话题。

作为一名兼职主播，娱乐类节目是她平时的工作方向，不过她的收听偏好却更加理性。她感兴趣的话题，主要集中在财经、新闻资讯等和大家息息相关的民生类话题上。而喜马拉雅的一些专业化垂直资讯播客，正是她的心头好。

她希望通过这些专业化的资讯和政策解读，拓宽自己的知识面，而一些经济动态，她则觉得和自己的未来发展息息相关。

目前，她正在收听财经类播客，已经收听了超过 3 个月，播客的主播是经济领域的专家，对经济信息的把控比较精准，

能学到很多知识。不过这档播客栏目，每一期的时长只有 5
分钟，时间有限，内容讲解得不够深入，感觉不太解渴。

"你觉得这类播客，播多长时间会更合理一些呢？"我
问她。

"我觉得十几分钟，甚至二十几分钟都行呀，只要能把内
容说得透彻一些就会好很多。"果然是理性的观点！

第三个故事：特立独行的小七

当我和上面两位播客听众聊完后，我突然又想起小七。
于是我打电话给小七。

"小七，你平时也听播客吧？"

她听到我聊到关于播客的话题，立刻来了精神："当然听
了，蒋老师，我和您说说我听播客的经历。"

好吧，一个现成的播客听众，就这样被我聊出来了。

小七听播客，也有好几个月了，因此才萌生了要和我学
习做播客的想法。

小七听播客，喜欢听故事类的播客，标题和内容简介，
是她选择播客的重要因素。封面图有时也会让她有点击收听
的欲望。

小七的收听习惯，也和上面两位听众有些差别。Free 和

因此她除了中午和晚上，还会在早晚通勤路上收听播客。

"小七，在通勤路上收听播客，不会觉得受到干扰吗？"

"怎么会呢？ 刚好有个东西可以让我忽略周围的声音。"
这个理由倒是蛮充分的。

我突然又想起一个问题："对了，小七，主播的声音，是
你选择播客的重要因素吗？"

她想了一会儿，回答我："对于主播的声音，我觉得感染
力更重要，声音是否好听，我真的不太在意。"

听众访谈总结

我一共采访了十几位播客听众，得到了不同的听众感受，
不过当我整理了大家的听众感受后，也发现了很多共性。下
面是我从听众感受中归纳出的共性特征。

1.播客领域，目前女性听众偏多，我猜测，这可能和播
客的发展阶段有关。目前的播客，女主播占大多数，因此与
女性相关的播客话题更多一些，女性听众也更容易对话题产
生共鸣和认同感。

2.从赛道来看，比如经济解读、新闻解读、理财、干货
分享和故事等主流赛道，都有忠实听众，而大家会因单期话
题、封面、标题和内容简介等因素而决定是否收听。

3.虽然大家可能被标题和内容简介等文案吸引来收听播客，但是内容是否有价值，则是听众们决定订阅和持续收听播客的核心因素。

4.在单集时长上，听众相对比较宽容，不过，听众都希望主播能够把一个话题讲得比较透彻，"解渴"是我从他们口中常听到的一个词。

5.在收听时段上，中午和晚上的闲暇时光是大家最常收听播客的时段，早晚的通勤时间，也是很多听众偏好的收听时段，在乘坐公交地铁期间，收听一期自己喜欢的播客节目，是绝好的打发通勤时间的选择。

听众的偏好，往往是主播需要重视的。其实上面几点共性特征，蕴含了有效的播客运营法则。我觉得可以正式开始这场"精彩播客实践之旅"了。

接下来，让我们放下复杂的想法，首先成为一位听众，来看看这个行业吧。

先做个听众吧：
一位爱生活的主播的故事

其实，一开始我并没有想让小七从听众做起，直到我采访了一位有点特殊的播客主播——一位真正热爱生活的主播。

小可爱矛矛，名如其人，性格可爱，热爱生活。我们相识于一次有声主播比赛，在比赛中，我就注意到了这位与众不同的主播小伙伴。

这份与众不同，不仅让我注意到了她，并且在我们结识大半年后，当我想到"做个听众"时，我首先就想到了这位只"做自己"的主播朋友。

她不功利，从来不在比赛里计较排名和得失，也不太关注做什么内容会更有热度，只是做自己喜欢的东西。

当我提出对她的访谈邀约时，她爽快地答应了，不过她也提了几个要求。

第一，她需要两小时以上的访谈时间；第二，她需要我认真听；第三，她要做主持人。

当我介绍完访谈背景后，真正的主持人就闪亮登场了。

"大家好，我是小可爱矛矛，今天我受到这位好朋友的邀请，来参加本次访谈，我们结识于 2023 年 7 月的一次比赛，那么接下来，就来讲讲我无心插柳做播客的经历……"

于是我们就开始了这场我做听众的奇妙访谈。

从访谈中，我感受到了她对于传达自己兴趣和观点的源源不断的动力。她很需要一个平台来表达她的想法和态度。在她参加声音类学习课程时，老师就觉得她的表达欲望和语言特色很适合观点传达，曾建议她制作播客。

而当她真正开始做播客的时候，她表达个人兴趣爱好的窗口一下子就打开了。她喜欢花花草草，喜欢摄影，喜欢瑜伽，喜欢舞蹈和绘画，可以说一切美好的事物，她都喜欢，并想传达这些事物在她眼中的美妙样子。

在访谈中，她能详细地讲述她喜欢的每一样事物，仿佛这些事物都已成为她多年挚友一般，而我也慢慢地被她的讲述所吸引，开始欣赏这样纯粹的主播。是的，她给我的感觉就是纯粹。

这样纯粹的小可爱矛矛，是一名天生需要听众的人。她需要纯粹的听众，而非功利的宣传和运营。她愿意参加各种比赛，名次不重要，重要的是能认识更多志同道合的人，她也非常喜欢与自己的听众分享自己的经历和感受，说多久都不觉得累。

这种纯粹，仿若一股清流，而我也突然发现，我们在做播客主播的初期，又何尝不需要这种纯粹呢？

这种纯粹，在成为听众、感受播客这个环节，尤为重要。

从这样与众不同的小可爱矛矛开始，我慢慢总结出成为听众并超越听众应该有的步骤。

成为听众和采访听众，其实并不一样。天然的听众，其实更注重播客本身对听众的吸引力和实用价值。听众们无须知其所以然，但如果我们想做出优质的播客，则需要以下两个环节。

先成为听众，再超越听众。

此时，我想起了要跟我学习做播客的小七，那么就让小七来做一个合格的听众吧。

"小七，尝试先做个听众吧！"我打电话给小七，给她安排了第一个任务。

"蒋老师，您让我先做个听众？ 可我本来就是听众啊！"果不其然，小七问出了我意料之内的问题。

"你当然是听众，不过，你现在只能算是一个普通的听众，而这一次，我们一起来超越普通的听众吧！"

"超越普通听众？"很显然，小七是第一次听到这种说法。于是我开始给她详细讲解起来。

我们想做出优质的播客，首先要全面了解听众在干什么。满足听众的需求，就是我们要追求和达成的目标。于是我给小七提出了两个挑战环节。第一个是成为听众，第二个是超越听众。

成为听众

想成为一名听众，我们首先要尝试放空自己。作为一名播客听众，我们不能想得太多，需要抛弃自己关于播客行业、播客创作的一切认识和理解。现在，我们就是一名普通听众。

我们的想法，也要从听众的角度出发。想想自己想听什么？播客内容可以和自己的生活相关，也可以和自己目前想做的事情相关。但是不要在播客平台直接搜索专辑和主播。一名真正的听众，很少会主动去搜索。平台首页的推荐，就是听众最常用的选择器，我们要尝试从平台首页寻找自己感兴趣的内容。

自己感兴趣的内容会是什么呢？可能是一张吸引你注意

力的图片，可能是引发你共鸣的一句话，也可能是一个嚣张到让你感觉痛快的专辑名称。别管它是什么，感觉好玩，点开就是了，跟从我们内心的第一选择。

你的选择一定是好的吗？你一定能听到你想听到的内容吗？答案当然是否定的，你甚至可能很难找到符合你内心标准的声音。

图片看起来很专业，这个主播一定是业内人士吧？不过内容深度完全不够啊！

文案的这句话简直写出你的心声了，点开收听后却大失所望，主播就是一个"标题党"，内容完全不着边际。

专辑名称太搞怪了，莫非这是一个万里挑一的有趣灵魂？听了几分钟，你却无比失落，这专辑名称是主播抄来的吧？

不要怀疑，这就是大多数听众在收听播客时的日常感受。现在，请慢慢感受一名播客听众寻找自己梦想栏目的艰难。同时也感受一下，突然听到一档符合自己预期的栏目时的那种满足感。

等我们持续收听时，我们甚至有机会感受到，忽然找到一档超出自己预期的宝藏栏目时溢于言表的惊喜。

好了，当你找到一档超出自己预期的宝藏栏目，并愿意持续收听时，"成为听众"这一环节就算完成了。

在播客平台上，各种类型的内容都有，但是我们不会对所有类型的内容都感兴趣。不过我们有兴趣听的，通常也都是我们可能有兴趣做的，因此遵循本心，找到能打开我们心扉的钥匙。

这个钥匙找到了，作为听众，我们就达标了。

接下来，就让我们小小进阶一下，来尝试超越听众。

超越听众

超越听众，指的是我们要仔细思考一下刚才"成为听众"的过程，做一次复盘。你听了那么多播客栏目，无论是否符合你的预期，我们都要动笔记录一下，这个播客栏目哪里好，哪里不好？为什么好，为什么不好？这是在超越听众时需要考虑的问题。

此时，我们应该做一个记录表。普通听众是不会做记录表的，他们只想安安静静地听一个自己喜欢的播客栏目，但我们不是。从做记录表开始，我们就不再是一个普通听众了。

在记录表中，我们要记录我们所听播客栏目中的以下 4 部分关键信息。

（1）内容基础信息，包括专辑名称、你所听的当期节目
标题、主播名称等；

（2）吸引力信息，即促使你点开这个播客的那句话、那
张图片、那个标题等；

（3）内容评价信息，例如对内容是否满意？满意的地方
和不满意的地方是什么？如果不满意，那你预想的
内容是什么样的？哪些内容是超过你预期的？

好了，把你所有收听过的内容，按照这 4 部分分类，将
记录表填写完整，这就是我们对听众旅程的整理和思考。从
此刻开始，我们尝试超越听众吧！

第一部分 —— 内容基础信息

这部分内容如实记录了我们的听众旅程。从记录我们收
听的第一个内容，到我们收听的最后一个内容，无论它是让
你失望了，还是给你惊喜了，它都是你在听众旅程中的重要
一站。我们只有把内容基础信息填写完整，才具备超越听众
的条件。

第二部分 —— 吸引力信息

所谓吸引力，就是促使你选择收听的关键信息。正如上

面我说过的，它可能是某一句文案，某一个标题，也可能是某一张图片。虽然只是一个小小的关键信息，但可能引发了你的共鸣，让你产生了点击行为；它也可能是标新立异的，让你产生好奇心，抑或是狂放不羁的，激发了你想一探究竟的心理。无论它是什么，毫无疑问，它具备足够强的吸引力。

在未来我们自己做播客时，吸引力对我们来说将是非常重要的。在后续内容中，我们会分门别类地讲述如何提升吸引力，甚至如何做出爆款，让我们也具备吸引听众收听的"超能力"。

我们现阶段还不必深究吸引力这件事，只去简单体会一下就好。体会让我们认为内容优质的文案究竟好在哪里，甚至自己可以简单模仿一两句，来体会妙笔生花的乐趣。

第三部分 —— 内容评价信息

这部分更多的是审视，先审视你所听的内容，再审视一下自己。

审视你所听的内容，如实记录它哪里好，哪里不好。所谓好，就是符合你的预期，比如吸引你的文案是"聊聊生活中的鸡飞狗跳"这句话，内容也的确在讨论你能听懂和有共鸣的居家生活及社交经验，此时它就是符合你预期的。如果你听到的内容并非来源于生活，而是主播四处收集的，则不符合你的预期。你可以给出的对内容的3种评价分别为不合格、合格以及优质。详细写出自己给出评价的理由，当你能站在自己的角度准确描述别人发布的内容的优劣时，显然，你已经可以开始审视自己了。

审视自己，指的是审视自己对播客的认识。

我相信，在你完成一次成为听众的步骤后，一定会刷新对播客的认知。成为听众这个环节也适合已经有播客经验的主播去完成，一直以来，你可能专注于创作自己的栏目、自己的内容，有多久没有以一个听众的心态来收听其他播客栏目了？现在，就让我们借助刚才对别人的审视，来审视一下自己吧。

审视自己可分以下3步走。

第一步：这个内容，你感兴趣吗

做播客，兴趣永远是最重要的。只有做自己感兴趣的话题和内容，你才有可能坚持做下去，回想一下自己在做听众时的感受，你就会发现，你能坚持听下去的播客，其内容往往是你感兴趣的话题。

因此，我们首先要审视自己之前收听的内容，找出哪些是自己感兴趣的，把它们提炼成主题标签。这些主题标签，就是我们的兴趣点和最基础的选题库。未来我们可能以此为出发点，继续充实我们的选题库。目前，我们可以通过审视自己来迈出这一步。

第二步：这个内容，你能做好吗

我们现在可以跳过那些不感兴趣的内容，只看自己感兴趣的内容了。你觉得你听过的那些主播，他们做得好吗？

在他们之中，一定有你认为做得好的，也可能会有你认为做得不好的。现在我们分析一下，如果那些主播做得好，你能做得和他们一样好吗？如果那些主播做得不好，你能做得比他们好吗？

这一步的目的是初步评估自己现在的能力。在刚才筛选出来的主题标签中，选出你认为自己能做好的并打上标记。这些主题标签，就是你最基础的优先选题。

第三步：听了这么多播客，你准备好了吗

相信你从听众的角度，已经获取了很多制作播客栏目的元素，比如每一期的选题和内容提纲，比如每一期都有各具特色的嘉宾和搭档，比如每一期都有风格各异的封面、音乐素材，比如主播们都有很强的控场能力和个性声线。

你自己又做了多少准备？ 又能把控多少呢？

可能有那么一两项吧？ 又或者目前什么准备都没做。这都不要紧，审视好自己，评估自己的基础，但无论基础如何都没关系，和我一起出发，从下一章开始学习制作播客吧！

第二章

基础打造三部曲

平台怎么选：
一个双向奔赴的美妙故事

自从小七学会了如何成为听众，便开启了疯狂收听模式，她一边收听，还一边向我推荐自己欣赏的播客。

其实我有点担心，"超越听众"这个步骤她是否做到位了。

"小七，'超越听众'这一步，你真的做好了吗？"

"放心吧，蒋老师，我真的做足了功课，不信你看。"她将她做的信息整理表格发给我。

我仔细看了看，虽然有点小问题，但是果然如她所说，"做足了功课"。然而，我从中发现了一个问题。

我说："小七，这段时间你一直在同一个平台收听播客吗？"

"对呀，老师，这有什么问题吗？"

"小七，在你现在收听播客的平台上，让你满意的播客多不多？"我问道。

她想了一会儿，然后告诉我："我感觉有点少，大多数播客并不能让我满意。"

"如果是这样，那就有问题了。你应该换一个平台继续做一下听众。"

"换一个平台？平台选择对于做播客，难道有很大的影响？"

"没错，小七，平台的作用，超大的。"

这段对话引出了下面关于选择平台的内容。小七认真听着，而我则开始讲解起来。

播客在国内出现的时间虽然还不长，但是很多平台都成了播客的舞台。国内但凡叫得上名字的音乐平台和有声平台，几乎都有专门的播客频道。除了这些综合性音频平台，还有专注于播客的平台，比如小宇宙等。除此之外，还有一个细分市场，那就是汽车端，目前很多新能源汽车品牌都有自己的车载电台软件，它们在本质上也是播客平台。

不同的平台，其用户特点和节目特色都不一样。可以这么说，每一个平台上的播客栏目，都是为了自己平台的用户服务的。平台间用户的差异会导致不同平台的相同赛道播客，在内容表述侧重上，完全不同。

那么，在学习如何选平台前，让我们先来了解一下各类播客平台。根据播客平台的发展脉络，我们就能明白它们的特点和差别，也可以将它们很轻松地分为以下4类。

音乐类平台演变

音乐类平台是国内最早的互联网音频平台，比如 QQ 音乐、网易云音乐等一大批人们耳熟能详的音乐平台，它们在提供在线音乐服务的同时，也相继开辟了播客板块业务。

音乐类平台的播客，最早来源于平台本身对于歌单和音乐电台的运营，而后逐渐出现了一批音乐和娱乐主题的栏目，这是最早的音乐类平台播客雏形。

可以说，音乐类平台的播客，做的是音乐主题，而听众，也对音乐主题抱有期待。

有声类平台演变

有声类平台最早提供的都是有声故事，包括喜马拉雅、懒人听书等，都是国内有声类平台的佼佼者。这些平台从故事出发，逐渐开始进入有声小说、有声图书、广播剧等更广阔的音频领域，并容纳了海量版权内容。

不过在播客之风吹来时，这些平台的主播们也嗅到了播客的潜力和空间，于是在固定化的版权内容以外，开始尝试自行创作各类播客栏目。

我们能看出来，有声类平台的播客栏目，涵盖类型非常广泛，我们既能听到故事类播客，也能找到垂直领域指导类播客，甚至还有海量的情感类播客，庞大的创作者基数，让这些平台的播客主播人数众多。不过在海量的栏目类型中，有声类平台的主播们，最擅长的还是故事类播客，这也与平台自身的故事属性一脉相承。

在单集时长上，有声书听众习惯于收听时长几分钟的短内容，因此有声类平台的主播们，也倾向于制作时长几分钟的短播客。

电台类平台演变

电台类平台也是较早进入听众视野的音频平台类型，例如蜻蜓 FM、荔枝 FM 等，作为传统广播电台栏目的互联网"平替"，从一开始，它们就具备了"播客基因"。

电台的主流内容是情感类内容，因此电台类平台上的播客也以情感类内容为主。甚至很多其他平台的情感主播，也有电台类平台的播讲经历。

原生播客平台

国内目前最典型的原生播客平台是小宇宙，这个小而美的平台只具备两个主要功能：找播客和听播客。

在小宇宙里，我们几乎能找到所有类型的播客。而小宇宙的播客，也形成了自己的风格和特点：以多人互动的形式和平均一小时的时长为主。

多人互动能够产生质量更高的价值输出，而一小时左右的时长，也契合都市上班族的通勤时长。可以说小宇宙的产品定位更聚焦于都市上班族，无论是内容还是时长，都能够满足这个用户群体的需求。

以上是 4 类播客平台，虽然平台有差异，但不存在长短优劣，根据上面各类平台的特色，我们可以开始探索，哪些平台才是自己的"心头好"。

知己知彼：选择自己的"心头好"

知己，即了解自己的兴趣所在。

从前文我们可以看到，播客的内容几乎涵盖你感兴趣的任何领域，但是我们毕竟精力有限，不可能对一切内容都抱有极大的热情。因此，要先明确自己究竟喜欢听什么内容。此处不需要思考和分析，只需要从自己的兴趣和直觉出发，找到自己最喜欢听的内容，你听得进去，才有可能把它做好。简而言之，无论做什么，兴趣永远是排在第一位的启蒙老师。

知彼，即找到你喜爱的平台。

其实有些人，在"成为听众"环节中已经完成这项工作了，不过还有些人翻遍了某个平台，也没找到符合自己预期的播客栏目，那就换平台继续寻找，站在听众的角度，找到自己喜爱的平台。你对平台有认可和期待，才具备坚持深入的持续动能。

知己知彼，能够让我们更清楚我们的定位，以及找到真正适合我们的舞台。这是一种归属感，让我们感觉自己和平台之间有了一些"心有灵犀"，也让我们多了几分在平台发展的底气和决心。

做到知己知彼后，我们就可以顺利开启这场主播和平台之间美妙的"双向奔赴"了。

接下来，我们再谈谈在选择平台时需要避开的两个误区。

误区一：不分平台，惯性多投

有人可能会这么想："平台多了是好事，我们制作的播客栏目在多个平台都投放一遍，不就好了吗。'众人拾柴火焰高'，一加一的效果即使不大于二，也是比一大的。"

抱有这种想法的人，一定大有人在，不过道理果真如此吗？

我用一个大家都更容易理解的例子来类比一下，你们是否见过能在两个以上短视频平台都火爆的短视频达人呢？

凡是刷过短视频的人应该都能发现，在多平台都做得好的达人，凤毛麟角。为什么会这样？

简单来说，这两个字就能帮你答疑解惑：精力。

我们的精力非常有限。即使多平台投放的工作量不大，我们也需要承担内容发布、回复评论、分析数据等工作。积少成多，这些看似轻而易举的工作，也会占用我们相当大的精力。

真正多平台做得好的主播，是主播队伍中凤毛麟角般的存在。不过即便是这凤毛麟角的双平台或多平台达人，也不是因简单的同一个节目多平台投放而产生的。

换句话说，多平台火爆的自媒体达人，一定是在每一个平台都选好了自己的道路，或者至少在他们的主平台里，重点发力，其他平台能做得火爆最好，做得不温不火也能接受。因此，他们至少精心选择了一个平台，并为它认真做了准备，这其实也就是选择平台的过程。

由此可见，世界上绝少有随随便便的成功，而我们如果想要在播客领域有所建树，那就一定要在平台选择这个问题上，有一个认真思考的过程。

误区二：只选择一个平台运营

当我刚说出这个误区时，小七就提出了疑问。

"老师，您刚刚还说，多平台火爆的自媒体达人，一定是在每一个平台都选好了自己的道路。怎么才几分钟，您就改了说辞？"

我告诉小七："这两个概念，并不矛盾。"

我见她依然怀疑，于是开始详细解答起来。

所谓的多平台运营，并不是前面所说的选择多平台投放，而是仔细选择适合自己的平台，可能是两个平台，也可能是3个平台，然后从最合适自己的平台开始运营，再逐一推开。

如何选择最适合自己的平台优先运营呢？我们可以用以下原则来选定。

第一，在你选定的几个平台中，优先选定你最熟悉的。最熟悉的平台，一定是最容易上手的平台。

第二，如果你对这几个平台的熟悉程度差不多，那就优先选定平台上节目的平均更新频率最低的那个。更新频率低，便于你在前期多思考、多准备，避免仓促应战。

讲到这里，我突然又想起了一位多平台运营的播客主播的故事。

多平台体育主播的故事

"我想听听关于你选择平台的故事。"当我提出这个问题时，她便滔滔不绝地和我说起她在选择平台时的故事。

她叫阙阙，是一位体育类播客女主播。

说实话，在体育类赛道，女主播还是很少的，而她也是我遇到过的女主播中，既有魄力，也能坚持的那类。

我曾问她，为何会选这样一条赛道。她告诉我，第一个原因是兴趣，第二个原因是个人策略。

在兴趣上，她是一个喜爱观看足球比赛的女孩子，与足球有不解之缘。在足球之外，她对其他体育赛事，也有很大的热情。于是从自媒体刚刚兴起时，她便尝试做公众号和头条号，后来开始做体育类的小红书账号。

"小红书这个平台，好像并不适合体育热点话题。"我在听到她提起一些自媒体平台时，不禁说道。

阙阙也认同我的观点，她发现，在自媒体领域，平台对内容数据表现的影响的确很大。

"有些平台，运营效果还挺好的，而另外一些平台，则完全没效果，越做越心凉。"从她的语气中，我能听到些许挫败感和颓唐。

在我问她打算怎么办时，她突然提到她开始做播客了。

"播客？你在哪个平台做的？"我无意识地问了她关于平台的问题。

她听到这个问题后，突然发出一阵爽朗的笑声，然后和我说："你这个问题问得好尖锐啊，在做播客时，我的确在平台选择上犯难了。"

原来，在做文字自媒体阶段，她用的投放办法是一稿多投，虽然偶有平台不适合，让她产生了些许挫败感，不过由于没有因增加平台而产生额外的创作工作量，因此她还可以接受。不过做播客，却让她犯难了。

阙阙非常熟悉文字自媒体，除了微博，在其他平台发布的内容均可算作长内容。既然都是长内容，那么各平台的基础特征也有更多的相似性。对于播客，阙阙一开始也是这么想的，觉得按照之前的经验类比一下就可以把控了，不过真正听了几个播客平台的栏目后，她便刷新了自己对于播客的认知。

"播客平台间差别太大了，我面临的第一个挑战，不是如何一稿多投，而是如何找到我的主攻平台。我觉得如果我选不好主攻平台，我的播客将一无是处。"

阙阙是一个对制作的内容要求很高的人，选择主攻平台，成了她首先要解决的问题。

此时我抛砖引玉地分享了我的平台选择方法论，而她听罢，也稍微停顿思考了一会儿才和我说："果然，认真研究过的人，做事方法也都差不多。"原来，她也用了类似的办法，来选择适合自己的播客平台。

她的办法可以归纳为"知己知彼"4 个字。

知己：她清楚自己的播客栏目属于信息资讯类，与分享类、情感类平台不适配，反而与以聚焦热点和深入解读为主要特色的平台有很强的关联。她也知道，信息资讯类内容，不能占用人们太多时间，自己在文字自媒体上发布的内容读者花几分钟便可以读完，在播客栏目中更没必要放太多、太广的内容。

知彼：她分析对比了市面主流的播客平台，对于每个平台，她都从聚焦赛道、风格特色、内容时长这 3 个角度做了标注。

最后，她发现了一个最符合她"资讯热点、语言简洁、10 分钟内为主"的播客平台——喜马拉雅。

有趣的是，她在做有声主播时，就在喜马拉雅上录制有声书，结果在体育自媒体赛道上兜转了一大圈，再次回到自己熟悉的平台。这本身，也是最好的安排。

关于她的故事讲完了，你们是不是对平台选择，也有了属于自己的答案呢？

人设怎么立：
这个主播有点意思

在经历了一个星期的精挑细选后，小七终于选好了自己的平台。这个过程不容易，我本来想让她庆祝一下，毕竟取得每一个成功，都需要一些自我激励，让前进的道路上充满成就感。

不过她马上就迎来了下一个难题。

"蒋老师，听众会听我的播客吗？"

这个问题，小七问得非常好，对呀，大家凭什么收听小七的播客呢？

"小七，我问你，究竟是什么导致你会有这样的疑虑？"

小七想了好一会儿，不确定地回答道："我觉得是我没名气。"

其实这个回答也不能算错，只是不够全面。严谨地说，应该是听众不知道你是谁。

那么，就让我们一起解决"你是谁？"这个问题。

这个"谁"，其实有以下 3 层含义。

首先，是身份，你是哪个人；

其次，是特点，你是什么样的人；

最后，是内容，你讲的是什么。

从身份，到特点，再到内容，这就是一个播客主播的完整人物形象。接下来，我们一起来完整分析吧！

身份

播客是对内容的人性表达，人的特征是播客表达中最重要的特点。因此，我们首先要对听众展示我们的身份。不过，我们该展示什么身份呢？

让我们从以下几个角度出发吧。

展示身份，先从性别做起。

性别是最显而易见的特征，我们首选传达性别特征的原因，是可以更好地取得听众的信任。有人可能要问，性别特征不是很鲜明吗，听到内容的一瞬间，听众一定能听出我们的性别。

不过我们的播客栏目，在通常情况下是通过标题和封面来吸引听众的。因此，我们可以在这些地方传达我们的性别特征。

比如在标题中写上"男生""女孩""哥""大叔"等词汇，当你细品这些带有性别特征的词汇时，你会发现它们自带亲切感，这是性别特征带来的天然人性，会让听众自然而然地感到亲切且更容易信任你。

除此之外，听众通过对主播性别特征的了解，能够在第一时间对内容有更精准的预期。因为每个听众都知道自己究竟想听到的是什么样的声音。

除了在标题中直抒性别特征，通过封面展现性别特征，也是展示身份的良好方式。这种方法更加艺术化，在吸引听众的同时，更体现出主播的品位和格调。

除了性别身份，我们还可展示职业身份。

这里的职业，不是你在现实生活中的职业，而是你在播客中的虚拟职业。

如果你想做一档情感类播客栏目，你的职业就可以是一名"心理治愈师"；如果你想做一档理财类播客栏目，你的职业就可以是一名"理财师"。

可能在现实生活中，你是一名教师或者是一位销售人员，但在播客中，请尽情展示你想给听众带来价值的那个身份吧！

职业的展示，基本上无法通过标题或封面来展现。我们总不能起一个叫作"心理治愈师的情感时光"或"理财师带你省钱"的标题，虽然它不违反任何成文的规定，但总让人感觉怪怪的，反而让人平添一分不信任。

因此，我们的职业要通过内容去展现，展现我们的专业性和专注的态度。我相信，你一定有一个播客中的虚拟职业梦想，不过在现实中，这个梦想很难实现，我们依然是教育阵线的一位教师，或者是苦苦追求高业绩的销售人员。不过既然做了播客，你为何不在这个属于自己的线上时空里，从事一次自己梦想的那个职业呢？只要我们足够专业、足够真诚、足够专注，你的这份虚拟职业，同样可以获得听众们的认可。

不过，对于有些播客，我们需要制造悬念和神秘感，比如要做一档"超自然解密"的栏目，我们就需要打造神秘的形象，于是我们可以在标题和封面中隐藏性别身份，在内容呈现中弱化职业身份。不过这同样是一种身份展示方式，我们想展现的就是一位神秘人。

在身份的概念清晰后，让我们一起看看如何展示特点。

特点

上面所讲的身份，无论是性别身份还是职业身份，都能较容易地让听众分辨出来。除此之外，还有一些特征不那么容易被听众分辨出来，我把它们称为"特点"。

以下两点，是我们需要传达给听众的特点。

其一，性格

这里的性格，指的不是你本人的性格，而是你借助播客传达出来的性格。此时，你本人的性格怎么样，已经不重要了，听众只会知道播客中的你是什么样的。

讲到这里，有人可能会有疑问，我们是不是要在播客中进行性格伪装呢？并不是。

对于大部分播客，我们可以保持一贯的性格，也就是在播客中展示我们在真实生活中的性格和态度。

比如生活感悟类、读书分享类、干货分享类等播客，其核心是人的主观感受，同时讲述的话题，也比较贴近听众生活。越是这种贴近听众生活的内容，我们越要坦诚相待，具备人性光辉的内容，才更能让听众感受到你的真诚。

不过，坦诚相待并不代表我们可以完全展现自己的性格。

根据播客的实际内容，我们可以敢爱敢恨、态度鲜明，但也要有一定的情绪管理，不能严重违背我们要表达的内容的相关情绪。

比如我们在做一期沉重历史内容的节目，可能我们本身的性格是活泼的，但在讲述沉重历史话题时，听众们的典型预期情绪不会是轻松的，我们也需要适时改变我们的表达方式，把我们的想法和态度，精准地传达给听众。

还有一些节目，比如探秘类、故事类、社会热点类节目，这些节目的核心往往是内容本身，而非主播本人。我们传达的性格特点，要以内容本身为准，为了营造氛围与节奏，或者达到听众的收听心理预期，我们可能需要重塑性格。

听众可能感受不到主播最真实的一面，但如果我们努力让听众们听到了最符合内容的声音，他们也同样能感受到我们展现出的真诚。

其二，形式

播客栏目有多种多样的形式，不同的形式传达的价值也各不相同。

播客栏目主要的形式分为单播、常驻搭档、访谈嘉宾这3种，我们分别看一下这3种形式的特点。

单播需要主播拥有强大的表现力，一般能单播的主播，能力都是比较强的。单播的栏目带给听众的感觉，通常是比较宁静或高深的。

宁静之感，比如情感类、心理类、治愈类等栏目，通过主播一个人缓缓讲述，输出一种单纯的情绪价值，满足听众心理上的预期。此时着重强调治愈性。

高深之感，比如历史类、揭秘类等栏目，需要主播化身为一位高深的学者，为听众打造一个权威的标杆形象，这样的人设不需要嘉宾，只需要主播一个人传达有见地的观点即可。此时着重强调权威性。

我们接着来看常驻搭档的形式。

常驻搭档通常是双人组合，也有极少数栏目是多人组合。既然是常驻搭档，那么栏目中的搭档通常是固定的，即承担该栏目长久的内容制作，听众也会把对内容的预期和熟悉的主播组合挂钩。

虽然搭档的主播们通常有分享意识，会围绕一个话题展开讨论，但他们是固定组合，固定组合不会有观点上的交锋，因此常驻的固定搭档通常进行的是互补性解说，而非观点的碰撞。如果一对固定组合经常进行观点碰撞，除了在制造综艺或喜剧效果时，在其他时间一定会让听众觉得做作不真实。

常驻搭档形式的栏目，内容通常重在分享，搭档之间分享或者搭档和听众分享。而听众对此也有收听预期，温和的观点分享和各具特色的相互补充，是他们想从你的栏目中听到的。

最后我们再分析一下访谈嘉宾。

访谈嘉宾代表我们的栏目会临时邀请和主题相关的嘉宾，嘉宾会与主播一起畅谈当期话题。访谈嘉宾这一形式的特点在于嘉宾的多元化及风格迥异的个性，那么能邀请这么多嘉宾的栏目，通常会是泛垂直的栏目，可以衍生出很多主题和谈资，并能邀请到很多有趣的嘉宾。

听众此时的预期会是什么呢？他们会很期待不同嘉宾的表现。听到风格迥异的嘉宾的分享，听众会感到如同开盲盒一般的惊喜，同时主播和嘉宾之间的观点碰撞也会非常精彩。

"理不辩不明"，通常在交锋和交流后，才会产生更有说服力的观点。因此，访谈嘉宾形式的栏目，内容偏重研讨类、热点话题类等，让听众感受到不一样的思想，并对后续的内容和观点有强烈的期待。

不同类型的播客，有不同的播客人设表达，而每一种人设，其实都有自己的适用范围和独到的一面。善于利用这些人设，可以让我们的播客更具吸引力。

接下来，让我们看一下播客人设打造的核心因素：内容。

内容

一档播客栏目的核心是内容，因此内容也能直接展现出明显的人设。只是，内容涵盖的范围太广了，我们该如何在内容层面分析和把控人设呢？

我们根据内容的特点，可以归纳和总结出以下 3 种最典型的内容，它们也分别代表了各自不同的典型人设。

专业型内容

专业型内容适合严谨和有深度的播客，比如涉及各种专业领域内容的播客，它们只针对各自领域的听众，故需要用专业性内容来满足专业听众的实际诉求，同时也可以吸引该领域潜在听众来收听学习。专业型内容展现出来的是主播的专业能力，如果主播能够表现得更加轻松和有带动性，则会更有优势，但即使没有这些附加能力，也不耽误专业型主播的人设表达。

通过专业型内容来表达的专业人设，具备很强的听众信任度及忠诚度。

轻松型内容

轻松型内容，适合除严肃题材以外的几乎所有播客。毕竟几乎所有听众，在面对轻松话题和轻松内容时，都能主动接受。我们可以通过制造轻松话题、结合幽默段子、调用当前热梗等方式，把我们想表达的内容进行轻松化展现，从而让听众对我们的内容感兴趣、易接纳，并能主动加入我们。简而言之，通过轻松的内容，提升听众对主播的好感度。

通过轻松型内容来表达有趣的人设，具备极强的话题性和内容实用性，我们涉及的绝大多数赛道和话题，都可以用轻松的方式来提升内容及主播人设的好感度。

带动型内容

带动型内容适合引导性和方向性的题材，比如理财、健康、教育等。这些题材通常具备一个明确的方向，理财的方向可能是赚钱和保值，健康的方向可能是防病，教育的方向可能是良好的身心发展，我们可以循循善诱、信心十足地讲述我们所准备的内容，让听众信服和跟随。

通过带动型内容，我们可以传达积极的人设。如果我们打造好一个积极的人设，听众的跟随度和参与度会非常高，我们将可能成为自己所构建的粉丝群中特定领域的意见领袖。

从身份到特点再到内容，我们就这样分析了人设搭建的主要侧面，那么你适合哪个人设侧面呢？

"我还真没想好。"当小七听到我这个问题时，陷入了纠结和犹豫中。

"不要着急，小七，我再给你讲一个主播的故事，你听听她的故事，看看会不会对你有所启发。"于是，我娓娓道来一位主播的故事，让我们一起看看如何让人设更有意思。

这是一位我在现实中相识十几年的朋友，暂且称呼她为混混。

在我所见过的，通过个人兴趣让自己飞跃提升的人中，混混是相当成功的一位。她从企业培训转型为全职插画师，又转型为商业知识产权（IP）创作者。从她身上，我看到了播客主播应该有的对兴趣的热爱和对兴趣转化为事业的坚持。有一天，混混和我说，她要做播客，这让我感觉惊喜不已。不过在心里，我暗暗吐槽："其实你早该做播客了。"

混混告诉我，她其实早就有做播客的计划，不过因为她没有完全准备好自己想传达的内容，所以这个计划一直被搁置了。

我告诉混混，她其实被人设困扰住了。她听罢觉得有点不可思议，内容准备和人设有什么关系呢？

"所有内容都是由人来讲述的，播客的重点在于人性的表达。构建人设就等于构建内容。而通过内容表达人设，是最合适的表达方式。你来尝试梳理一下你想表达的人设吧！"

混混思考了一会儿，开始讲述她的人设。

混混的人设，首先是有趣，然后是坚持。

她很爱笑，也热爱生活，靠着自己的坚持，把兴趣转化为职业方向。

混混早期从事企业培训工作，在编制培训内容的过程中，通过绘画的形式，让培训内容和培训过程变得有趣起来，与此同时，她也喜欢上了绘画。

混混开始自学绘画技巧，同时找到了自己喜欢的绘画形式。慢慢地，她成了一名独立绘画创作者，她的自媒体账号，也积累了几十万名粉丝。而最近，她组建了属于自己的商业IP设计工作室。

每走一步，她都在追寻自己的兴趣，同时也足够坚持和努力，最终取得了自己想要的成就。

"这不就是很好的内容吗。"我对她说。

"混混，你的人设，完全可以与自己的播客内容相结合，这世间有那么多和你一样有趣的人，这些人中的绝大多数并没有坚持下来，你可以把你的'坚持'与大家感兴趣的诸多爱好相结合，影响你的听众，带动你的听众，这就是一档绝好的播客栏目。"

她听完后开始仔细思考自己的播客，两天后，她发给我一张她亲手绘制的播客名字的海报，她为自己的播客起了一个别具一格的名字——3张小卡片。

果然是个有趣的人，连播客名字，都起得如此特立独行又让人印象深刻。不过从她的海报中，我看得出来，混混想将她的很多思考与沉淀体现在这3张小卡片中。让我们共同期待混混的精彩表现吧！

故事讲完了，是否对你有所启发呢？不要犹豫，根据自身所长来构建属于自己的人设吧。接下来让我们一起探索，属于我们自己的播客内容形式。

内容形式怎么定：
播客框架搭建 5 步走

上一小节讲到了内容，于是小七蓄势待发，准备录音。

"小七，你准备录音了？"我明知故问。

"是呀，蒋老师，人设我都想好了，这就准备开始做播客了。"我能从小七的话语中听出她的兴奋。她最近的收获的确很大，自从跟着我的讲解步伐，选好了平台，立好了人设，她已经隐约找到了做播客的感觉，不过距离真正上手做，我觉得她还欠缺几步。

"我再给你讲讲播客节目的内容形式吧，搭建一个合理的内容框架非常重要！"

"内容框架？ 听起来好像挺有用，快来讲讲！"在小七的热切期盼下，我开始讲解播客节目的内容框架搭建方法。

播客的内容，肯定是相对自由的，只有能够自由表达主播自己的想法和态度，你的播客才能引起听众和粉丝的共鸣，获得大家的认可，并有更强的生命力。

不过播客的内容，又不可能是无限发散的，不扣主题、内容不着边际的播客节目，听起来就让人感觉不可靠。不可靠的播客节目，即使内容有一些独特之处，通常也会淹没在这不可靠的第一印象中。

因此，内容框架是解决播客节目听起来是否可靠的必要保证。我们搭建好内容框架并不意味着要失去自己的特色，反而，拥有一个良好的内容框架，恰恰能帮我们梳理好我们想表达的内容。

内容框架该如何搭建呢？其实并不难，按下面的方法分5步走，就可以轻松搭建起来了。

第一步：设定环节

环节是播客节目中的形式提纲，我们可以根据播客节目的自身特点，选取适合的形式提纲来完成节目环节的设定。

在目前主流的播客节目中，一般有哪些环节可供我们选择呢？下面的几个环节，我们基本上可以在 90% 的播客节目中听到。它们分别是开场、主题介绍、背景介绍、嘉宾介绍、话题引入、结尾及附加环节，包括广告和节目预告。

（1）开场

开场是播客节目的必备环节，包含开场音乐和开场白。

在一般情况下，开场音乐会选择和节目风格匹配的音乐，比如节目风格比较轻松，就可以选择相对轻快的音乐；如果节目走的是情感路线，那可以选择静谧及治愈系音乐。尽量选择纯音乐作为开场音乐，这样不会对我们的声音造成干扰，如果一定要选择歌曲，则需要在开场音乐与开场白之间做好区分过渡。

音乐用于氛围营造，而开场白则是节目的实际开头。开场白一般可以简要干练地讲出节目标题或主题，带出主播名称。我们可以做一个通用的开场白，放在每一期节目的开头，这样可以强化播客的品牌感；我们也可以为每一期节目都做一个不同的开场白，让听众产生新鲜感，不至于因千篇一律的开场白而感觉节目枯燥。不过，对开场白的要求越高，构思及制作难度就越高，我们可以先做一个通用的开场白来尝试。

（2）主题介绍

主题介绍也是播客节目必备的环节。每一期播客节目的主题都可能不同。而让听众在开头就明白我们本期主要讨论什么，则非常重要。有了主题介绍，听众就不会茫然无措，也会带着收听预期跟着节目走向一起思考，从而更加深入地理解我们所传达的价值。

除此之外，我们还可以通过主题介绍，引出其他环节，如背景、嘉宾和话题。因此，主题介绍，可以被认为是播客节目真正的开篇内容。

主题介绍可以遵循以下方式来进行。

第一种方式：混合背景，即主题与背景合二为一讲述。如果我们要讲的主题与背景具有极强的关联，那么在一般情况下，我们会选择混合背景式的主题介绍。这种方式的好处是通过前置背景故事，强化主题概念，便于听众很好地理解。

什么是主题与背景具有极强的关联呢？如果我们的主题，是由某个背景故事引发而来的，即先有背景后有主题，那就是具有极强的关联。在这种情况下，一个原本有些深奥的话题，会更容易引起听众的兴趣，并被轻易理解。

例如，在"嫦娥六号"探测器登月时期，我们准备策划一期关于在月球背面采集样品的播客节目，我们可以认为，在没有"嫦娥六号"探测器登月这个大背景时，几乎很少有人会想到这个主题，这就是主题与背景具有极强的关联。此时，我们利用这样的背景引出主题，就会起到更强的主题介绍作用。

第二种方式：直入主题。直入主题适合那些广为人知的主题或很有知名度的影视、图书作品主题。即这个主题，无须用任何前置背景来强化概念。

那我们该如何判断，一个主题是否需要使用混合背景的方式来介绍呢？首先，我们需要根据自身的认知和常识，来判断该主题是否需要介绍背景，如果我们选择的是一个非专业概念或大众化话题，那么我们基于自身认知可以轻易判断。如果这个主题是专业性话题或小众话题，而你能以此为题，这意味着你一定具备了普通听众不具备的垂直领域知识储备，此时，我们自己的判断可能没办法具备普适性了。这时，我们可以把话题抛出来和身边人、社群成员们讨论，让他们谈谈对该话题的理解。大家如何理解该话题并不重要，最重要的是大家的反馈。如果大家需要反问你才能理解你抛出的话题，那就说明该话题不够大众化，需要通过一个更加有趣的前置背景介绍，来提高听众的收听兴致。

（3）背景说明

背景说明是播客节目中很关键的环节。此处所说的背景说明，并非上文提到的主题介绍，而是我们在介绍主题后的背景介绍。

介绍主题后，我们依然需要对该主题进行补充说明，以方便听众理解我们为何要讲这个主题。

在这里，我要讲一下播客内容的自然延展。自然延展在我们表达时处处可见。无论是写作、口头表达或演讲，我们都不可能突兀地提出一个又一个观点或话题，而是需要让我们所表达的要点，在连续的语境下依次输出。因此，我们需要黏合剂，把观点、话题等要点内容"粘起来"，让它们形成上下文的关系，而非孤立存在，这就是自然延展。

而背景说明，就是最佳的黏合剂，在我们的主题与内容缺乏足够的自然延展性时，我们需要找到合适的背景进行说明。此时，我们可以通过以下方式找到合适的背景，来黏合我们的要点内容。

这些方式包括，从主题中的趣味点找背景、从本场嘉宾信息中找背景、从提纲中的话题来找背景等，而后两种方式中的嘉宾和话题，则是我们接下来要讲述的内容。

（4）嘉宾介绍

为了让话题更鲜活，我们往往会考虑邀请与话题相关的嘉宾参加节目的录制。嘉宾的作用包括：让节目更热闹，提升氛围感；让节目的观点碰撞和交流更具深度；让节目更权威，体现专业性。

我们可以让合适的嘉宾加入合适的节目。选择嘉宾的方式和节目的主题有相当大的关系。

嘉宾可以与主题有较高的专业相关度，比如我们要讨论关于科幻电影的话题，我们可以邀请几位科幻迷、科幻博主等共同交流观点。嘉宾也可以是能够站在某个角度升华主题的人，比如制作一期讨论中年危机的节目，我们可邀请一位心理学家，他可以站在心理学和情感角度来看待话题中人性的力量。嘉宾还可以是主题的生产者，比如我们要做一期关于某本畅销书的节目，最好的嘉宾就是该书的作者，作者亲自解读和分享，会让节目更受听众的喜爱。

于是，嘉宾与节目的主题，便产生了密不可分的关系。在我们深挖后，嘉宾的背景故事，也往往更能契合并加强节目主题。

嘉宾背景包括嘉宾过往经历、嘉宾亮眼成就、嘉宾与主题产生过的奇妙巧合等，不过如果嘉宾本身的经历与话题相关度不高，但具有极强的观点表达或语言表达能力，可以轻松控场，我们也可以不介绍嘉宾的背景，留给听众一个让他们自己解开的悬念，这也是一种好方式。不过这种方式对嘉宾的要求比较高，在一般情况下，我们还是需要通过介绍嘉宾背景，让听众先了解嘉宾，然后一起讨论话题。

那么接下来，让我们看看话题在节目中是如何被引入的。

（5）话题引入

我们的节目，一般需要在主题的基础上引出多个话题，这样才具有更丰满的节目内容和更有深度的节目延伸。不过需要介绍背景的话题，一般指的是节目开始后的第一个话题。

第一个话题，是节目骨干内容的起点，此时，听众还没有完全理解节目的主题。因此，第一个话题，往往具有普及主题的作用。

普及主题，即让大家充分理解主题，我们可以通过以下几种方式来达到普及的目的。

首先，我们可以把背景中的一部分作为首个话题，这样可以让听众更好地理解我们究竟在讲什么内容。例如，本期节目的主题是现代工业设计的发展趋势，很多听众可能并不理解何为"工业设计"，那么我们可以将大家耳熟能详的优秀数码产品的外观设计作为第一个话题。从这个话题开始，我们可以让不了解工业设计的听众迅速明白这个名词的含义，也能让工业设计领域的听众站在听故事的角度来对主题产生兴趣，不至于因为枯燥的科普而弃听。普及主题，绝非简单粗暴地科普一个主题。

其次，我们可以把主题的来龙去脉作为第一个话题进行讲述，这种方式适合事件类、社会类主题。此时，主题不再是一个名词或一个作品，我们的普及方式则变成讲故事，我们将一个简练且生动的故事作为第一个话题，让听众理解某个事件的全过程，这非常有助于我们继续剖析该事件带来的后续影响，以及分析该事件暴露出的深层次问题。

最后，我们还可以把主题的反例拿出来作为第一个话题，这种方式适合容易混淆的主题，或者本身存在争议的主题。当我们把相反的内容摆出来作为第一个话题时，就意味着我们站在了思辨层面看待问题，这样做一方面可以让听众跟上我们的思路，不至于因概念混淆而误解后续内容；另一方面也体现了我们严谨的态度和较强的专业能力，让听众从一开始就信服。

好了，引入了第一个话题，我们的播客节目就可以正式开始了。接下来我们看看结尾和附加环节该注意哪些问题。

（6）结尾

播客节目讲求仪式感，那么在结尾，我们可以用一段音乐来呼应开头。

除此之外，播客节目也讲求对听众的敬意，简单的一句"本期节目就到这里，感谢您的收听和支持"，要比猝不及防地结束好得多。

此外，我们还可以增加互动引导，比如我们可以口播主播和嘉宾的自媒体账号，引导听众前往关注，我们还可以引导听众们去互动区留言。一方面我们可以看到听众们的想法，为我们提供更多更好的灵感；另一方面，良好的账号互动，也会助推播客专辑的数据表现，真实的互动指标，永远都是自媒体平台衡量账号权重的重要因素，播客也概莫能外。这部分内容将在运营章节详细讲解。

最后，让我们一起看看两个附加环节——广告和节目预告吧。

（7）广告

如果某一天，我们能在节目中为其他品牌做广告了，就意味着我们的播客产生了经济价值，这是外界对节目的认可。

广告要有简练的广告词和与节目风格一致的产品介绍。

干练的广告词，不容易引发听众的不耐烦情绪。而与节目风格一致的产品介绍，也会有效降低听众对广告的逆反情绪。如果我们还能加入一些富有趣味性的引导方式，则会带来更有效的广告转化效果。

（8）节目预告

节目预告可以为下期节目进行预热，让听众对我们的播客节目产生持续的期待。不过，这要求我们提前排出节目计划表，因此节目预告并不是必需的环节。

节目预告同样需要以自然的方式引出，可以通过本期主题自然引发（即通过本期主题和下期主题的关联关系引出），也可以通过下期主题的特征引发（例如节庆主题、重要赛事主题、重要事件主题等），这两种都是自然的预告方式，如果下期主题不方便自然引出，我们可以不做预告。

第二步：选择环节

在第一步中，我们了解了播客节目常见的 8 个环节，但我们不可能将这些环节全部放在一期节目中，因此我们需要选择合适的环节。环节选择的标准有两个，分别为是否必要和是否别扭。

是否必要：环节是不是节目必须有的。播客节目的环节是为听众服务的，并不是环节越多越吸引人。环节越简洁，听众听起来就会越顺畅，在选择某个环节时，我们要先思考一下，这个环节是否必须加在节目中。

是否别扭：播客是自由的节目形式，设定的一切环节都为了让节目更出彩，而节目给观众最直观的感受就是他们的主观听感。如果你的播客节目在添加了某个环节后听起来十分别扭，那就坚决拿掉它。节目形式固然重要，但节目本身的吸引力更加重要。

在第二步中，我们可以选取合适的环节放在我们的播客节目中，作为属于我们自己的节目环节设定。

第三步：环节排序

我们已经选择合适的环节放在节目中了，接下来需要思考的是，这些环节以怎样的顺序来排序，这就是环节排序。

我在第一步中介绍的 8 个环节，是按照一般情况进行排序的，我们还可以根据实际情况来调整环节的顺序。

比如，我们有一期特别重要的节目需要预告，此时如果依然把预告放在本期节目的结尾，那么宣传效果可能没有那么突出。我们可以偶尔将重要的、极具吸引力的预告放在节目开头，这样做会有奇效。

再比如，本期节目的主题是非常轻松且大众耳熟能详的内容，我们完全可以与嘉宾轻松对话，带出几个笑料十足的有趣故事，这样的开篇可能会比固定的开篇更吸引人。

环节排序需要根据实际情况来调整，形成有自己风格的栏目特色。

第四步：环节包装

我们已经把选择好的环节从头到尾安排好了顺序，接下来就是环节包装，即用什么形式引出环节。

环节的常见包装方式，有以下几种。

第一种，常规方式，即先介绍，后引入。直截了当地介绍下一环节，比如介绍主题背景，就直接讲主题背景是什么，再比如节目来到结尾，就正式引入结尾。这种常规方式最简单直接，应用门槛也最低。

第二种，上下文方式，通过与上一环节所讲的内容衔接，直接引出下一环节，实现无缝切换。上下文方式的优点是环节过渡自然，听感舒适不突兀，缺点则是环节把控难度较高，如果听众完全没注意到环节变化，可能会影响新环节的效果，而主播过于强调环节变化，也有可能使节目效果生硬，反而不如用常规方式引出新环节。因此，这种方式要求我们有较强的文字功底，能很好地衔接上下文。

第三种，引入方式，通过一个小话题或小故事，来引入下一个环节。这种环节的包装方式能让节目产生趣味性或话题感，引起听众对下个环节的兴趣，但这种包装方式对我们撰写的底稿的质量要求比较高，如果小话题或小故事不好听或不好笑，则会让节目变得很尴尬。

第五步：制作提纲

当我们想清楚如何包装播客节目的各个环节后，就可以着手制作播客提纲了。播客的特点之一就是即兴发挥，在实际的节目录制过程中，我们基本上不会完全照着念原稿，而提纲就是我们进行即兴发挥的基础和骨架，它既保证了节目的最低质量，也保证了节目不跑题、不过分发散。

播客提纲包括以下部分。

（1）主题背景

主题背景是我们在准备主题时积累下来的背景内容，一个主题的背景资料往往会比较庞杂，我们无须全部记住，只需写在提纲里，提高节目录制效率。

（2）话题描述

话题描述就是对本期节目每个话题的介绍，包括话题本身、话题的子论点以及话题的环节包装。通过对话题进行描述，我们可以把控对话题的理解和话题讲述的节奏，做到心中有数。

（3）嘉宾串场清单

嘉宾串场清单包含嘉宾名单和简介、沟通点和发言顺位。将嘉宾名单和简介写进提纲，是为了在节目录制过程中，避免由于错误地介绍嘉宾，令听众产生不尊重嘉宾的印象。沟通点就是前期和嘉宾共同拟定的访谈要点，此要点并非让嘉宾们准备讲稿，而是让嘉宾提前了解节目的主题、话题，并让嘉宾结合自身经历和经验，思考自己对话题的理解与态度。最后是发言顺位，当我们邀约两位以上的嘉宾时，就需要提前策划好嘉宾的发言顺位，安排好发言顺位并提前与嘉宾做好沟通，会极大地减少嘉宾的发言冲突，让节目录制过程更加顺利。

按照以上 5 步走，我们的内容框架就搭建完成了！

"怎么样，小七？ 现在学会搭建播客节目的内容框架了吧？"

"哈哈，蒋老师，我觉得听了您的讲解，我现在强得可怕。"我怎么感觉她信心爆棚了？不过这也是好事，做事情首先要对自己有信心，于是我给她讲了一位有信心的主播的故事。

故事的主人公叫诚，在我遇到他的时候，他还在为自己的播客节目忙碌着。

我开门见山地问他目前遇到的困难，他笑呵呵地对我说："没人听！"

"你的心态太棒了，没人听，你还能这样继续投入精力来做新节目。"我也对他的这份坚持敬佩不已。

他的声音虽然轻松，但也藏着一丝怅然若失："没办法，太热爱了，虽然没人听，也要坚持下来，实在不行，就做给自己听。"

他是一个公众号运营者，公众号做了好几年，虽然没有太多粉丝，但他依然在坚持更新。而播客，算得上是他开辟的新阵地。

我想知道他那份信心的来源，于是问他："你一直信心十足，虽然没有多少听众，但依然在坚持，你的动力是从哪里来的？"

"嗨，什么信心不信心的，既然喜欢，就闷头做呗，我享受做节目的过程，能做自己喜欢的东西，就很享受。"

是的，信心从来都来自我们自身，当我们怀有足够多的热爱时，自然就有足够强的信心和动力，来做自己认定的事情。

从诚的身上，我看到了主播都应该有的那份对自己的热爱，热爱自己的观点，热爱自己的作品，热爱自己做节目的状态。只有这份热爱，才会给自己带来足够强的信心。

我们也可能会像诚一样做得不温不火，但我们也能像他一样，做到始终热爱吗？其实我们都应该去热爱，无论成败。

我对诚说："其实你的节目，立意和制作质量都没有问题，来跟我一起探索一下怎么做爆款吧！"

"做爆款？这个好啊，带上我！"诚听我这么说，那一丝怅然顿时消散一空，于是第三章的内容，就这样来了。

第三章

爆款修炼指南

小七听了那位信心十足的主播的故事和前文大篇幅的讲解后，对播客的前期准备工作了然于胸，于是我想让她尝试一下，体验正式做播客的感受。

不过，小七的表现还是在我的意料之中，出师未捷，节目数据表现十分惨烈。面对惨淡的节目现状，我自己也连连摇摇头，这并不是对小七失望，我只是觉得，该讲讲做爆款的方法了。

首先，我给小七讲了3个小故事。

爆款避坑：
关于遇冷播客的 3 个小故事

第一个故事：冷门主题

有人可能会问：什么样的内容会是爆款呢？

其实在回答这个问题前，我们先思考另一个问题：什么样的内容不会是爆款？

之所以思考这个问题，是因为它的答案远比上一个问题的答案要简单。答案简单，我们就更容易学习和掌握。那我们便来了解什么内容不会成为爆款吧，除了这些内容，其他内容都具备成为爆款的条件了。

在这里，我打算先讲一个主播的故事，我身边的一位播客主播，就遇到了话题天然不会成为爆款这个问题。

她的名字叫"不长"，就像名字一样，她对每一个主题的坚持时间，都不长。其实她并不是一个没毅力的主播，主要是她所选的主题都踩在了"冷门"这两个字上。

她的第一个主题，选了"沉重"这两个字。

在刚做播客时，她正好处在人生低谷期。那个时候，她对自己的人生做了深刻的剖析和检讨，于是有了不少沉痛的感悟。因此，她以沉重为主题，做起了播客。

不少沉重的话题都被她搬出来放在播客节目中，听者寥寥，互动则更少。此时她找到了我，我在听了两期她的节目后，就判定这是主题出了问题。

"不长啊，你自己愿意听如此沉重的话题吗？"我向她发问，而她回应我的是摇头。

这不就对了？ 如果自己都不愿意听自己的节目，我们凭什么奢望听众会喜欢呢？

听众选择播客节目，首先会在标题处筛选。如果标题传达的情绪是比较沉重的，其点击率通常会比较差，标题点击率低，收听率也一定会比较低，内容就很难能成为爆款。

"那，我做点轻松的话题？"

于是她开始转型，尝试用轻松感十足的话题做一期节目。这一期节目的整体听感非常好，氛围如午后阳光般和煦温暖，数据表现也非常好，播放量是以往沉重话题的好几倍。这让她异常开心。

"蒋老师，我发现我行了！"良好的数据表现让她看到了希望，虽然我觉得她并没有完全意识到她的问题该如何解决，但我也不好意思破坏她的好心情，我开始仔细观察她每期节目的数据表现。

前 3 期的数据表现很好，第二期节目的 24 小时播放量甚至高达 3000 以上，不过第三期节目的播放量降低了一些。从第四期节目开始，她的播客又回到了一开始的状态。

当她再次找到我时，透过聊天界面，我似乎就能感受到她的委屈和无奈。

"蒋老师，这到底是怎么回事啊？ 我的播客没救了。"

我表现得从容且轻松："为何这么说呢？ 尝试改变嘛。"

"改变？"她抓到了我话里的重要信息。

"是的，改变。听众们可不愿意反复收听一个故事，你看看最近 3 期节目的内容，似乎都围绕同一个主题。主题再好，我们也不能每次都用它来做节目，要给听众们一些新鲜感。"

不长是一个很会变通的人，她很快进行了第二次调整，开始补充新鲜感十足的话题，并收到了非常好的效果。

不过，正当我对她逐渐放心时，她再次找到了我。

"蒋老师，又不行了。"

"又不行了？"我感到很诧异。毕竟在新鲜感加轻松感的基础上，以她的能力，节目不会做得太差。而在听了她最近的节目后，我发现了她的问题。

太晦涩！

从标题到内容，我听到了一些对听众们来说晦涩难懂的东西，简单来说，就是专业性强又缺乏普及性解读。当面对一个长达 2 小时的专业种植类播客内容，外加诸如"从营养学角度种好鲜花"之类的标题时，我相信听众们通常不会选择收听这个节目。

我告诉她，晦涩专业的话题如果不做普及性解读，对听众来说这往往就意味着劝退。而且在播客中，还要有属于主播自己的理解和观点，否则听众为什么不去翻阅专业文献而来听播客呢？

我告诉她一个事实：播客听众，通常是来听经验和分享的，而非专业知识。

她听完我的话，也不再因自己为了某个话题翻了几天的资料而感到委屈了，也意识到了这个问题，并着手调整。

"沉重、重复、晦涩，3 个不热门的话题类型，都让你体验了一次，这次有信心了吗？"

"当然有！"

她回答得很干脆，并将我的话付诸实践。这一次她表现得不错，虽然不至于立刻产出爆款内容，但她已经有稳健且良好的数据表现了，并接到了第一个商业合作。

"谢谢你，蒋老师。"

此时我并不邀功："要感谢的，是你自己。遇到问题不要怕，像你一样听劝才是最重要的。"说完，我似乎听到了她爽朗的笑声。

这个故事对你是否有所启发呢？ 不过单靠避开冷门话题，还并不够，接下来还有另一个故事。

第二个故事：不能太自我

虽然做播客要有态度，但也要充分注重听众的感受。第二个故事，是关于一个已离开播客领域的人的。

他叫孤客，在我采访他时，他已经离开播客领域了。当我试图了解他的故事时，孤客总是顾左右而言他，可见他并没有完全对播客释怀。

我尝试在他的播客内容中寻找答案，就在他全部删除自己发布的播客内容的前一天，我终于找到了这个答案。

从内容上看，孤客的播客，做得太自我。

"自我"这个词，通常用来形容以自我为中心，不愿意听取他人意见的人，在这里指的则是，主播的播客表达的几乎完全是个人喜好和想法。

有人可能要问我，老师你前面不是说，播客就是表达主播人设的吗？ 为什么这里又拿"自我"来做反面案例了呢？

因为我们在谈论如何成为爆款内容，如果想做爆款内容，就不能仅仅表达个人好恶，而要更多地融合来自目标听众的共识。内容符合听众的共识，才能让对你感兴趣的听众们留下来并认可你。

孤客的具体表现如下。

首先，在内容选题上很自我。孤客的播客，大体处在读书赛道，不过在内容选题上，他完全没有考虑听众的感受。自己看到什么书，便分享什么书。这并不是错的，不过话题的选择，还是需要编排的。比如，他在距离春节还有两个月的时候，发布了一期以中华传统节日为主题的播客节目，而在春节过去一个月时，又发布了一期关于故乡年味的播客节目。其实，这两期节目在时间上如果能和春节假期搭配起来，其数据表现会远比现在的好得多。

其次，在内容组织上很自我。我曾见过他在连续 3 期播客节目中读同一本书。追听节目的听众，通常无法认可主播的做法。这本书可能的确很好，但是连续讲同样的话题，会让听众感觉节目的价值大打折扣，也会产生厌倦心态。

最后，在内容表达上很自我，孤客偏重表达一些偏激的感想，而这部分内容，在听众中会引起很大争议。虽然做播客要有观点的碰撞，但这种碰撞通常是建立在一定共识基础上的。例如，当我们谈论《西游记》时，我们可以探讨《西游记》中的隐喻和中国传统哲学观，但如果你的主要观点在于批判《西游记》是中国古典文学的某种阴谋论，整期内容都在挑战听众们的共识，则很难让听众们驻留在你的播客中。因此，在播客节目中，观点是在共识基础上展开的，这一点在内容表达方面是非常重要的。

有了这个答案，我再次联系了孤客。

当我联系到他时，他又有了重新做播客的打算。因为之前他并没有和我正面交流他出现的问题，所以我不知该如何和他说，这次联系，他却很坦诚地和我主动说起这件事。

原来，他也意识到了自己的播客存在问题，不过一直没想清楚。这段时间，他沉下心来听了很多热门播客，也发现了问题其实出在他自己身上，这一次，他打算解决太自我的问题。

孤客没有放弃，这体现了他对表达自我的强大动能，孤客能自己发现问题，也说明他有一颗想要做好内容的决心。

这两种品质，同样适用于想做好播客的所有主播们。

第三个故事：再谈小七

"什么？最后一个故事的主人公是我？"小七听到我想

讲她的故事，很惊讶地问道。

我已经猜到了她的反应，于是不紧不慢地对她说："先从旁观者的角度看看自己，然后才知道如何能做得更好。"

这句话让她思考很久，趁着她在思考，我就讲讲我眼中关于她的故事。

小七的故事，源于她的播客实操。

在和我学完基础知识后，小七便迫不及待地开始实际操作起来。她学得很认真，表现也可圈可点。

她认认真真地做了一回听众，完成了对播客的认识，选择了自己的赛道和准备发力的平台。

在赛道选择上，她选择了与她在做有声主播时有交集的故事类播客，而在人设方面，她也标新立异了一下——悬念故事"神秘人"。她的声线其实比较适合安安静静地讲情感故事，但是因为在做听众时对悬疑故事产生了兴趣，所以她选择了悬疑故事作为自己的主攻方向。

前文提到，做听众很重要的一点是寻找自己感兴趣的赛道，小七对悬疑故事产生了浓厚的兴趣，而她的声音偏细腻，她突发奇想，做了一档"弱女子讲要案"类型的播客栏目。

这种强烈的对比，是非常有冲击力的，到此处为止，小七做得都很棒。而她出现的问题，在于在播客内容框架搭建起来后，内容表现平平。

"平平"二字体现在了以下 3 方面。

第一，外在平平。

标题吸引力不够，让人没有太大的点击欲望。标题是最重要的外在表现，外在吸引力不足很容易让听众误判你的内在表现，让本该收听你的播客的听众轻易将它划走。

而小七的标题，则恰好属于不太吸引人的那种，本来悬疑主题是很容易构筑有吸引力的标题的，但小七却没有设定好。平铺直叙的标题，给人一种内容也很平淡之感。此时的听众流失，会导致播放量下降，播放量是最直接展示听众感受的数据指标，播放量越高，这档播客栏目越热门。

第二，开篇平平。

开篇是播客内容给听众的第一印象，这个第一印象，直接决定听众会继续收听还是退出重选，这就意味着，这部分内容相当于试听环节，听众的试听时间一般不超过 3 分钟。在这 3 分钟内，我们如果不能通过某些方面吸引听众持续收听，这个试听环节就会出现听众流失。

而小七的开篇，却没有很好地表达比较有吸引力的背景、主题或故事内容，这导致听众在试听环节出现了不小的流失。

此时的听众流失会导致完播率下降，在自媒体领域，完播率是非常有价值的隐性指标，完播率越高，代表栏目越受听众喜爱。

第三，声音平平。

声音是播客的表达工具，播客的核心表达方式就是依靠声音，如果主播的声音与播客题材、内容不太匹配，就会让听众产生违和感。违和感一旦建立，就会影响听众对主播及播客的印象，如果打上印象不好的标签，听众很可能会在评论区吐槽。评论区其实是听众最重要的互动区，此处的评论会影响听众们的判断。

其实我原本最放心的就是小七的声音，毕竟她是从有声主播转型做播客的，而且我认为她的声音技巧很棒。不过在播客节目中，她却表现得很拘谨，完全没有体现自己声音的优势。

当我讲完她的 3 个"平平"后，小七似乎显得有些委屈。

"我知道你想说什么，我还没教你如何做爆款节目。接下来，就跟我学习做爆款节目的技巧吧！"

上面 3 个故事，其实分别是主题、态度和内容 3 方面的反面案例，而做爆款节目，我们也应该从这 3 方面来入手。

接下来，就让我们来探索一下，在主题、态度和内容3 方面，爆款节目都长什么样子吧！

爆款探索：
开挂主播的故事

在这里，我们首先明确一个概念——爆款不等于有价值。

爆款其实仅仅代表内容受欢迎，很多有社会价值、教育意义、深刻精神的内容，可能永远不会成为爆款，但是这些内容存在的价值，却远远超过某些爆款的价值。因此，对于制作题材冷门但价值很大的内容的主播，我会向他们表达由衷的敬意。

比如，人生必经但可能人人避而不谈的死亡，这种话题如果没有某个社会突发热点与其相关联，则很难成为热点话题。不过如果是关于死亡的心理学内容、社会学内容、家庭教育内容，它的意义则非常大，也非常值得有能力的主播去制作。

但是如果想做爆款节目，就一定要在热门内容上做文章。

这是大家在学习做播客的过程中，必须掌握的方法。做播客是一条孤独的路，我们这一路上的坚持，源于收获一个个大大小小的成就，这些成就，就包括爆款节目和热门节目。爆款节目和热门节目，会更容易带来赞助商的关注及听众的认可，关注和认可也是我们通过播客获得收益的重要手段。

想学习如何做爆款节目，就先从主题、态度和内容3个维度，看看爆款节目究竟长什么样吧！

爆款主题

爆款主题，会是什么样的呢？为了探索爆款主题的特征，我拆解了上百个热门播客节目的主题，并加以归纳，我发现它们都具备以下几个共性特征。

第一，大家熟悉。所谓大家熟悉的主题，就是听众们都知道的事情。无论是主题本身，还是主题涉及的某个事件，总归会有听众们熟悉的点。主题越耳熟能详，就越有成为爆款的可能性。不过如果单单只是大家熟悉的主题，一般很难成为爆款，还要具备下面的几个共性特征。

第二，大家认可。所谓大家认可的主题，就是主题的论断在听众们普遍能接受的范围内，不惊世骇俗、不挑战认知底线、不引发巨大争议，就是会被认可的主题。例如，"吃番茄居然还有这些害处"，这句话听起来好像是违背常识的，但这仅仅是知识领域的争议，并不挑战认知底线，不算违背大家的认知。但如果这句话变成"如果哪个傻子还在吃番茄，那就太可笑了"，则会引发巨大争议，它不仅是知识领域的争议，还对听众的人格进行了贬低。这种主题通常不会被认可。因此，大家认可和熟悉的主题，可以被认为是成为爆款主题的基础条件。

第三，引发听众共鸣。我们对主题共性特征的探索越来越深入，而引发听众共鸣的主题，就属于较深层次的主题共性特征。共鸣，从字面理解，指的是别人的某种思想感情引起自己相同的思想感情。引发听众共鸣，才能让听众从主题中生发出属于自己的感想。产生感想非常重要，这意味着听众真的听进去了，只有这样你的节目才算真正在听众心中扎下根了。

在一般情况下，引发听众共鸣的主题，都是具有一定开放性的主题。比如"如何在给孩子辅导作业时稳住心态"，目标听众是孩子父母（不冷门），主题也不惊世骇俗（有认可），主题可以引申出大量共同话题让听众互动讨论（有共鸣），这样的主题，就具备了成为爆款主题的条件。

第四，存在争论。此处的争论，指的是适度的争论和友善的争论，而非争议及恶意争辩。我们不需要充满戾气的辩论，也无须在某些问题上争强好胜。因此，争论的目标显而易见，那就是分享思维，给他人以启发。

可以给节目嘉宾以启发，让节目朝着更有价值和更有深度的方向发展，也可以给听众以启发，让听众产生前所未有的感想和思路，拓宽自己对主题的认知，使节目对听众产生额外的价值。这就是争论的意义所在。

以上 4 种特征，是爆款主题最典型的共性特征。其中，前两种特征是基础特征，爆款主题必备，后两种是拔高特征，具备了其中一种或两种，才更有可能成为爆款主题。

我们还可以用刚才的方法来分析一下，大家熟悉且认可的主题，再加上因有争论性而给人启发，同样具备了成为爆款主题的可能性。

不过，单单主题有成为爆款的可能，还远远不够，在态度上，我们也要付出努力，才能让做出爆款节目的可能性更上一层楼。接下来，我们来看看做爆款节目的态度是怎样的。

爆款态度

态度指的是主播的情绪表达。比如，前面故事中的孤客，虽然他在话题及内容上一意孤行是节目效果不好的重要原因，但他没有很好地将情绪传达给听众，也是重要原因。

播客与其他有声内容最大的区别，在于播客是对观点充满人性的表达。那何为充满人性的表达？ 就是带有态度的情绪表达。

让我们一起看看，爆款节目中，都有什么样的态度特点。

第一：声音上，需要轻松的态度。

轻松，代表了一种松弛感，让听众没有收听压力。无论在什么情况下，听众永远都喜欢听轻松的声音。轻松的音乐，一定会比重金属音乐的受众更广，轻松的节目风格，也一定比针锋相对的节目风格有更广泛的受众。对于播客节目，亦是如此。

如果你们仔细观察的话，在成为听众那个环节就可以发现，绝大多数的热门播客节目，其内容表达是通过轻松的语感和态度来完成的。因此，轻松的态度，主要是通过声音传达出来的。

在声音领域，我给出过一个评定指标，叫收听压力。紧凑度、重音和力量是收听压力的 3 个重要衡量因素。

我们先来看看紧凑度。在语言表述中，如果语速快、爆发力强、停顿少，则会被认为是紧凑度高的声音，紧凑度越高，越会给听众的语义理解造成挑战，听众会感觉疲惫。

因此，适当增加停连，在不影响语言表述流畅度的同时，降低语速，会让听众没有语义理解压力。在完全依赖听觉的播客节目中，降低语义理解的压力，可以有效降低听众的压力。

我们接着来看重音，所谓重音，指的是重点表达的词语，通过放慢语速、适当重读等方法，让听众明白我们在一句话、一段话中的讲述核心是什么。

不过，如果我们的语言表述中都是重音，则应了我常说的一句话："全部是重音，也就没有了重音。"重音是相对的，如果不再有轻音，听众就无从分辨何为重音了，影响听众理解。另外，都是重音，会增加听众的收听负担，听众会不自觉地时时刻刻在心中分辨重点内容，容易感到极度疲劳。

我们找到合适的重音，就可以有效降低听众的疲劳度。原则上，一句话只有一个重音。

最后我们来看看力量，力量指的是我们的音量和爆发力。适当的力量，可以让语言表述产生层次感，让语言表述听起来更丰富多彩。

不过就和重音一样，如果我们的力量太足，就会让层次重新归零，主播费了很大的力气，却没能取得良好效果。还有一点，力量太足的话，会让用耳机收听的听众的耳朵感到疲劳，而用耳机收听，是播客听众的主流收听方式，这会损害听众的实际听感。

因此，力量不要时时用、处处用，只在恰当的情感爆发处使用，才能收获良好的效果。

轻松的态度会从声音上，让听众在松弛感中体味节目内容。

关于声音塑造的方法，后文会有更详细的讲解。

第二：情绪上，需要专注的态度。

轻松，是声音传达的态度，而专注，是情绪传达的态度。

情绪的传达，对听众来说，是可以起到引导作用的。不同的情绪塑造，会在不同程度上带动听众自身的情绪。

慵懒的情绪态度，会让听众无法很好地集中精力，导致在收听时走神。而在收听时走神，则会影响收听质量，听众在收听后可能压根记不得自己听的是什么内容。他们对节目的接受度会急剧下降，没有人会持续关注一档自己因常常走神而记不住内容的播客栏目。

作为主播，我们的情绪态度应该是专注的。那么，何为专注呢？

首先，专注是一种积极的态度，我们抒发更积极主动的情绪，让听众们感到主播在为他们讲述自己的观点，而不是自顾自地输出观点。

其次，专注是一种聚焦的态度，即专心，这不只是内容聚焦，更重要的是情绪聚焦。内容聚焦容易理解，而情绪聚焦是什么呢？就是我们在节目中保持一贯的情绪主线，不因话题的迁移变化而产生大的变化。突然的情绪变化，也会让听众无所适从，产生出戏的感觉。

最后，专注是一种真诚的态度，我们在情绪上越真诚，就越能让听众感受到我们的真诚。播客节目，说到底是为听众服务的，而不是主播自己的心得存档，我们的内容，一定要考虑如何对外。听众的反馈非常重要，而真诚的态度，会让听众认同我们的内容。

不过，真诚的态度，也是我们最难把控的一种情绪状态。在短视频自媒体中，我们可以有比较丰富的方法去把控，例如通过一些动作和表情牵引我们的语态，让观众感受到我们的真诚，不过我们也会发现，很多短视频博主的动作和表情却没能做到"诚恳"，仅仅获得了"很假"这个评价。观众为何会觉得"很假"，其实是博主不够声情并茂，而不够声情并茂的原因，并不是用动作和表情演出来就行的，而是需要真实的反应和表达。

比如我们做一档情感类播客栏目，我们如果无法共情，肯定没办法通过声音来真诚表达。因此，真诚源于真实代入。如何做到真实代入？ 唯有专注。只有我们专注地去思考、专注地去感受，我们才能真正理解话题的共情之处。

专注的态度为做好情绪管理打开了坚实的大门。如果你在做播客的过程中，感觉自己在情绪上总有欠缺，感觉自己"很假"，那就试着专注一下，货真价实地"真"起来吧！

第三：节奏上，需要平和的态度。

播客节目的节奏，其实很容易被我们忽视。如果做几分钟的短节目，对节奏的作用可能感触并不深。不过如果我们打算制作每期时长在半小时以上的节目，那么节奏的作用就非常重要了。接下来，我们来看看爆款节目在节奏上，都有哪些特点。

第一，节奏上要有连贯性。话题与话题间不需要有不必要的间隔和介绍。一档时长半小时的播客节目，干货内容至少要占 27 分钟，即占 90% 的时长，用于提供有价值的内容。因此，节奏的连贯性就要求我们，尽量不要存在 5 秒以上的长停顿，尽量不要对每个子话题做额外介绍。同时，我们还应注意主播与嘉宾之间的配合，不要出现频繁打断发言的情况，以防干扰听众的收听连贯性。

第二，节奏上要有一致性。一致性，即我们至少要保证在一期节目内，节奏是一致的。开场的节奏，应该贯穿整场，如开场节奏是偏轻快的，那么整场节奏都应该偏轻快，如果开场节奏是偏舒缓的，那么整场节奏都应该偏舒缓。

连贯且一致的节奏，构成了节奏上的平和态度，不突兀、不冲突，让听众随时感到平和且舒适。

第四：心理上，需要有认真的态度。

有人可能会问："做播客，还需要有心理态度吗？"

心理态度其实非常重要。

我们的心理态度，会直接影响节目的外在表现。做节目的心理态度，简单说是认真。那么，如何做到认真呢？我们做到以下几点，自然就做到了心理认真。

首先，是注意细节。一期播客节目，从选题到话题，再到内容提纲，涵盖了很多信息。对于这些信息，我们在写提纲和实际录制过程中，需要通过心理上的重视，来做好对齐与呼应，保持内容不矛盾、不遗漏，这样做会让听众感受到我们认真负责的态度。不矛盾，即当期节目内的主题和话题，不会出现前后矛盾、左右手互搏的情况，而更大的不矛盾，可以在不同期的节目中体现，即我们的观点，在不同期的节目中都能做到不矛盾，此时如果听众发现了这种小细节，就会更加认可你的播客节目和你的态度，从而有可能成为你的铁粉。不遗漏，指的是我们每期节目中在前面提到的信息，会在节目的后续内容中有结论或说明，让所有提到的内容，都有始有终。这就要求我们阐述的每句话，都有其理由和必要性，至少通过我们自己的观点来实现内容的逻辑自洽，保证有理有据。

其次，是反复琢磨。播客节目的主题、话题，其实都不是一蹴而就的，我们需要做的是根据选题范围，来反复论证和思考。这个过程，需要从心理上认真对待，我们第一次思考的主题，一定不是最好的切入角度，我们第一次书写的内容框架，一定有考虑不全面的地方。带着重新审视的态度来反复思考，我们一定能获得上一次没能想到的优质内容。当我们在某一次全面审视的过程中，不能再发现更好的内容时，就可以认为目前的内容，是当前我们可以反复琢磨出来的最好的内容。这种心理上的较真，才能让我们真正做出自己认可的优质播客节目。

当然，我们不用无休止地反复审视下去，按照实际经验来看，3次反复审视，基本可以解决90%以上的内容问题，这便足够做出一期让自己满意的节目了。带着这种让自己先满意的心理态度，我们自然有信心让目标听众也满意。

最后，是树立信心。我们从声音、情绪和节奏上，都发现了爆款节目的特点，并加以分析学习，然后又做了认真负责的心理建设，那么最后需要补足的就是一份信心，对自己有信心，对自己原创的内容有信心，也是对听众负责任。

好了，拿出自己的信心，来尝试做出一期至少比之前要优质的节目吧。

不过在这之前，请听我讲述一个"开挂"主播的故事，来看看"开挂"的主播，是如何拿捏热门播客的。

"开挂"主播的故事

这位主播叫诺，他做了一档读书播客栏目。我也是通过这档读书播客栏目与他相识的。

为何称他为"开挂"主播呢？原因就是他的播客首集内容，24小时内播放量突破5000次，评论留言突破50条。

这样神奇的成绩，让我也感觉非常震撼，于是我联系到诺，并希望了解他的播客历程。

当我了解他的经历后，才知道，其实"开挂"主播并没有"开挂"，只是经过不断实践及深思熟虑后，才有了这看似"轻松拿捏"的优异成绩。

诺其实一直在做与读书相关的内容，从两年前就开始组织读书社群，他自己也博览群书，并乐于分享。社群中成功的分享经历，让他看到了做一档读书播客栏目的可行性。不过摆在他面前的问题，还有很多。

比如，社群内分享主要通过文字进行，语音分享是很少的。而播客则主要通过声音进行分享，这方面是诺先天的劣势，他并不觉得自己的声音有很强的表现力。

还有，社群内分享可以随意一些，只零散分享干货并不是缺点，只要偶有深入思考及金句，社群成员也会觉得受益匪浅，并认可群主的学识及能力。不过播客的节目性质，要求其有比较完整的节目体系，这对知识体系略松散的诺来说，很有挑战性。

声音的问题，诺在短时间内没办法快速解决，而节目体系，他认为可以专攻一下。

于是诺采用了与我的方法论类似的办法，先学习，然后分析，最后形成自己的播客节目方案。

在学习上，诺先听了一个月各类读书播客，因为一开始他的目标就很笃定，所以效率很高，在收听读书播客的同时，做各种笔记，记录各主播做得好和做得不够好的地方。

随后，他进入了深入学习阶段，在这个阶段，他重点分析其他爆款播客好的方面，思考哪些是自己能做到的，哪些是自己无法做到的。他抽取出自己可以做到的好的方面，形成了属于自己的优势项。他的优势项便是读书创新性感悟、大众话题但是小众书名的选题，还有辩证思维能力。

读书创新性感悟：自己对一本书有独立于人云亦云观点的感悟。这样的内容，带有一定创新性，而拥有创新性感悟的主播，往往容易得到读书类听众的认可。

大众话题但是小众书名的选题：读书类听众，通常具备一定的阅读量，对于大家耳熟能详的畅销书，这类听众通常并不是特别感兴趣。反而一些小众书，能够引起读书类听众的兴趣，因为大家往往需要新书单。

辩证思维能力：读书类播客主播必备的能力。主播需要能够冷静、客观、辩证地进行观点剖析及陈述，而诺在长期与社群成员的分享过程中，锻炼出了一定的辩证思维能力，这是他天然的加分项。

而以上几个优势项，其实也契合了爆款内容的普遍特征，创新感悟——专注，小众书名——认真，辩证思维——平和。

诺仔细认真地准备了自己的播客栏目，他发布的第一期节目就取得了傲人的成绩。但是他同样也很苦恼，向我认真请教声音提升的秘诀。他后续发布的节目，因为声音的表现力不足，所以成绩一直在下滑。

声音的问题，成了他最大的制约，而我相信，很多想做播客的人也有同样的顾虑。我在这里给大家一颗定心丸，播客对声音的要求，既不是普通话，也不是字正腔圆，在我们的努力提升下，我们的声音均可以达到播客的要求。

不过在拿出专门一章讲解声音之前，我们先来看看做爆款播客节目的步骤吧！

五大维度构建爆款播客节目：
小七的小爆款

爆款播客节目的构建，可以通过以下五大维度逐步达成。就让我们一起来看看构建爆款播客节目的五大维度吧！

维度一：发现爆款主题

主题，是每期播客节目标题的细化及延展，也是播客节目的内容骨架。一期播客节目的内容是否足够有趣、足够充实、足够有深度，与主题设置息息相关。因此，主题可以直接影响节目听感和节目质量。

前面我们曾经一同分析了，爆款主题长什么样，具备哪些特征。那么，如何去筛选和发现爆款主题呢？

就按以下3步走，提炼属于自己的爆款主题吧。

第一步：收集热点

爆款主题，肯定离不开热点，无论是社会热点、行业热点还是舆论热点，都是培育爆款主题最合适的养料。

如何收集这些热点呢？ 有如下方法可以去实践。

通过各大媒体平台的热门榜单来寻找。媒体平台的热门榜单，基本可以涵盖当前时段的各种热点。我们挑选具备以下几个特征的热点进行收集：自我熟知、长期上榜、破圈。

首先，看自我熟知。这个特征意味着，这个热点是听众们普遍知道的。这类热点，不仅我们熟知，普通大众也熟知，是最理想的热点储备。

其次，看长期上榜。每个人的生活半径都不同，我们不可能熟悉社会上的方方面面，有些热点并不是我们所熟悉的。如果有这样的热点——我们不熟悉却一直停留在热门榜单上，那就值得我们去关注。停留期限可以按两天为界限。如果一个热点两天不下榜，就意味着该热点的生命力很强，值得我们储备。此时如果我们还继续观望，那么这个热点就可能因被其他主播广泛利用而缺乏新鲜度，即使它还是热点，做出爆款节目的机会窗口也已经过去。因此，只要我们发现了有潜力的热点，就要及时储备。

最后，看破圈，所谓破圈，就是突破原有的领域在其他领域中火爆。能破圈的热点，一般都具备前两种特征：既被我们所熟知，又有长期停留在热榜的能量，最重要的是，它还能在其他看似毫不相关的领域中流行。这类热点，可以直接拿来作为最优选择。

根据以上 3 个特征，我们通过媒体平台的热门榜单，可以轻易整理出热点清单。整理出来后，就可以按照以下原则来排序：优先选破圈，其次选熟知，最后选长久。

破圈的热点放在最高优先级，这类热点最容易做出爆款节目，我们没理由不优先选择。

其次是熟知的热点，我们熟知就意味着我们擅长，但是这类热点可能不具备长久生命力，我们在热点破圈以后，尽快将节目做出来，防止热度过了，热点不再。

最后是长久的热点，虽然优先级最低，但并不意味着它们不重要，恰恰因为这些热点具备长久生命力，我们可以先选择那些可能转瞬即逝的热点，而具备长久生命力的热点可以先行储备，一定要做好播客节目规划的节奏控制。

基于以上 3 个特征，我们可以很容易就整理出热点清单的优先顺序。接下来，就让我们进入下一步，来尝试构造主题雏形吧。

第二步：按赛道构造主题雏形

构造，即构建和创造。把热点变成主题，需要依据你的赛道来构建关联，通过关联来形成主题的雏形。

按赛道构造主题雏形的核心在于关联，即我们如何把一个热点，变成我们需要的样子。

热点可能来自任何领域。举个例子，将一个体育热点直接变成主题，肯定不符合你所在的心理学类播客的赛道。我们的主题是基于心理学领域的，单纯使用体育热点作为主题肯定不合适，因此需要构造，把体育热点与心理学话题相结合，形成适合自己赛道的新主题。这便是按赛道构造。

按赛道构造，首先要从热点内容提炼出与自身赛道可结合的要点。比如体育热点，如果与心理学赛道相结合，我们需要找出来的要点包括运动员心理健康、观众对焦点赛事的心理预期、赛事舆论对运动员的影响等。这些要点都可能为我们构造出主题雏形。

不过按赛道构造，并不意味着我们一定要构造出主题来。无法关联的热点，我们无须勉强，并非所有热点，都适合我们的播客赛道。这里所谓的不适合，既包括了无法构建的热点关联，还包括我们的兴趣选择。这就引出了下面一步。

第三步：按兴趣筛选

兴趣在我们做播客的过程中，始终很重要，如果我们对一件事情毫无兴趣，那么我们根本不可能做好它。因此，兴趣就是我们筛选爆款主题的重要"晴雨表"。

经过第二步，我们可能构建了多个有爆款可能性的主题，但是我们该选择哪一个甚至哪几个来做播客节目呢？ 让我们从兴趣出发吧。

首先，我们需要判断我们是不是非常想做这个主题。做播客节目不能勉强，如果内心是抗拒的，我们就没办法把一个主题真正做好。听众是非常敏锐的，我们是否足够用心，听众一下子就可以分辨出来。做自己真正想做的，才能取得良好效果，获得听众的认可。

其次，我们需要判断，这个主题有没有引发我们自己的共鸣。如果没办法打动自己，就不可能打动别人，我们要有属于我们自己的主张和态度，才能做出具有独特性和人性光辉的节目。在感兴趣的基础上，还要有心得体会。至少做到自己能根据这个主题给出 3~5 个观点，每一个观点都能有自我态度，并启发大众。

最后，我们需要判断，听众对这个主题有没有兴趣。热门主题，也并非放之四海而皆准的，尤其是某个细分赛道和细分主播的粉丝听众。我们可以把这个主题中的某些观点在自己的粉丝社群或听友渠道中提前分享，来收获反馈，如果听众们反响热烈，那么该主题就非常值得做一期节目，如果听众们反响平平，我们就可以选择反响更好的话题。有人可能会有疑问，为何只看粉丝反响呢？ 如果网上的听众们也喜欢呢？

这个问题问得非常好，道理也对，不过我们要做爆款节目，首先需要获得粉丝的认可，如果我们的粉丝不认可我们的主题，节目成为爆款的可能性就低了很多。

至此，经过收集热点、按赛道构造主题雏形和按兴趣筛选后，爆款主题就呼之欲出了。

维度二：构建爆款标题

标题是播客节目给听众的重要第一印象，我们如果能在标题方面大显身手，则可占得先机，更容易让听众点击收听。

我们可通过以下几个公式，来快速构建具有爆款潜力的播客节目标题。

公式一 —— 提问 + 数字

例如，"这本书为何广受好评？ 4 个原因带你一探究竟。"提问可以引发听众对主题的好奇心，而数字可以让听众建立清晰模型，觉得内容不会特别难以理解。

公式二 —— 悬念 + 情感

例如，"消费者始终只有这么多，而奶茶店却越来越多。本期节目带你探明其中缘由。"

悬念起到吸引听众注意力的作用，而情感则增加代入感，拉近主播与听众的距离。

公式三 —— 命令 + 对比

例如，"别再让糟糕的锻炼方法浪费我们的时间，学习这些新鲜方法，让效果翻倍！"

命令及对比都有强烈的感情色彩，这样的叠加，让听众在潜意识中认可你，如果涉及的领域是听众关心的，点击率还会提升很多。

公式四 —— 夸张 + 幽默

例如，"直播行业的'隐形战场'，如何用一体化设备打赢工作效率这场战役。"

通过夸张、比喻和诙谐幽默的标题，提升主题的形象感受，让听众更能直接感受到主题表达的观点，降低理解成本。

公式五 —— 挑战 + 声明

例如，"放弃无效锻炼，本期将彻底改变你对健身的看法。"

挑战传统加上直截了当的声明，看似简单粗暴，实则给听众很强的视觉冲击力，让听众有点击进来一探究竟的欲望。

运用上面的公式，我们就可以按照下面 3 个步骤来构建标题了。

第一步，根据上面的公式，来拟定几个备选标题。

第二步，把备选标题，按照以下 3 个方面做初步筛选。

（1）是否包含目标听众的兴趣点，即标题是否已有效触达听众们最关心的问题。

（2）标题提供的价值，即标题是否清楚地表达了本期内容所提供的信息和解决问题的办法。

（3）吸引听众注意力的能力，即标题是否足够吸引人，是否可以促使听众点击收听。

第三步，将第二步筛选出来的标题，发到听友群或其他社交渠道，让潜在听众自己选择喜欢的标题。有时候，听众往往能提供出乎我们意料的答案。虽然出乎我们的意料，但这种来自潜在听众的反馈，才最接近真实听众的实际选择。

当然，公式只是几种常见的标题模板，不代表其他标题模板就不会取得更好的效果。总而言之，能够让听众通过标题，可以快速、有效地感受到我们要表达的内容，并有欲望点击收听节目的标题，就是好的标题。

不过，不要做"标题党"（即标题与内容完全不相关），也不要使用超过 30 个字的超长标题。

讨论完爆款的主题及标题维度，就让我们移步内容维度。

维度三：组织爆款话题

在内容方面，我们首先来看话题。所谓话题，即在节目中我们的讨论要点。一期节目可能长达半小时至 2 小时。在话题不清晰的情况下展开如此长的节目，显然是不合理的，这样不仅主播可能因为内容不断发散蔓延而无法扣住主题，听众也会因为听不到要点而失去收听节目的兴致。话题作为内容的提纲要点，对内容的影响非常大。

如何做好话题内容，并以此支撑播客节目成为爆款呢？

首先是话题内容时长，一个话题可支持的有效时长，最多不超过 15 分钟，这意味着我们做几分钟的短内容，一个话题就足够，而时长半小时的播客，设置 2~3 个话题会让内容充实而富有逻辑性。一期节目如果容纳超过 10 个话题，对主播的节奏把控能力的要求非常高，成为爆款的难度也陡增很多，因此不建议新手主播刚开始就做如此长的内容，如果我们做一期时长 2 小时以上却缺乏足够话题支持的节目，就会如同一场随性的脱口秀一般，我们无法把控内容质量的好坏，也无从控制数据运营。

其次是话题节奏，前面说过，时长半小时的播客节目，通常会设置 2~3 个话题，这意味着播客节目通常会以多话题形式出现。话题多了，如果节奏不对，节目整体都会受影响，并且显得混乱，因此我们需要让话题按合适的节奏依次亮相。

一般有以下几种话题节奏。

第一种，由浅入深型，话题从主题基本概念出发，逐步加深讨论层次，让话题成为逐步深挖主题的要点。

比如，我们的主题是人工智能（AI）行业与 10 年前互联网行业的比较。那我们的话题就可以是：

（1）AI 的基础概念和目前的应用；

（2）AI 的发展历史与互联网发展历史的比较；

（3）从互联网发展历史角度对 AI 发展趋势进行分析。

这样由浅入深的话题节奏，让我们的主题变得足够有说服力，并让节目有足够的逻辑层次。

第二种，由近及远型，话题从最贴近主题的内容出发，逐步延伸到话题内容所能关联到的其他领域，拓宽听众的视野。

比如，我们做的主题，还是 AI 行业与 10 年前互联网行业的比较。那么我们的话题，就可以是：

（1）AI 的基础概念和目前的应用；

（2）互联网发展历史中的几个关键产品是什么；

（3）从 A 公司的发展历程看 AI 在社交领域的发展趋势；

（4）从 B 产品的"开挂"式发展看 AI 在电商领域的广阔空间。

这样由近及远的话题节奏，逐步延伸主题的广度，同样让听众受益匪浅。

以上两种话题节奏是最容易掌握，也最有效果的。不过如果有多个嘉宾共同参与，那话题节奏也应该考虑不同嘉宾的观点碰撞，设置更多有趣的环节。

最后是话题与主题的关系，话题不能脱离主题存在，否则就跑题了。一期跑题的节目，必然无法受到听众的喜爱，因此我们需要把控好话题与主题的关系，谨防跑题。

话题与主题通常有如下的关联关系。

第一，解释说明。即话题是对主题的解释说明，主题往往比较宽泛，对主题的解释说明，有助于听众快速理解本期主题，迅速进入收听状态。

第二，主题分解。一个主题很宽泛，涵盖很多内容。我们可以通过设置话题的方式，把主题拆解成多个更容易表达的话题。把主题拆解成多个话题，就是主题分解关系。

第三，主题延伸。播客节目，往往需要让我们在基础主题上进行扩充，以显示其具备的普遍意义，我们从基础主题中扩充出来的，带有新领域价值的就是主题延伸的话题。

第四，主题总结。通过一个话题来提炼主题的共性和特点，这样的话题，可以作为节目主题由浅入深或者由近及远的节点。通过总结来承上启下是最具逻辑性的一种体现。

以上几种关系，都是常见的话题与主题的关联，只要话题与主题具备这些关联关系，那么你就可以放心使用这些话题，来给主题做必要的支撑。

接下来，让我们来看看如何表达情绪，来支撑爆款节目。

维度四：展现爆款情绪

看到维度四的小标题，有读者可能会问，情绪和爆款节目有什么关系呢？

　　情绪虽然不是爆款节目最直接的影响因素，但也会影响内容表达。内容表达会决定听众是继续收听还是弃听，而弃听是会影响完播率的，弃听和完播率是运营概念，在运营章节中会详细展开介绍。在这里，我们只需要知道，如果内容表达出了问题，对节目成为爆款会产生负面影响。

　　因此，维度四的情绪和维度五的声音，也都是打造爆款节目需要注意的重要维度。

　　我们先看情绪，情绪本身是中性词，含义无好坏之分，但是没有情绪，一定是不好的。

　　我曾经在指导学员的时候强调过一句话："任何语言表达，都要有情绪。"

　　是的，哪怕是新闻播报，也有平缓和理性的情绪在里面，如果是需要激昂、高亢、凝重氛围的新闻，合格的新闻播音员一定会表达出这些特质化情绪。因此，在这里，我们来一起看看做爆款节目，该如何修炼自己的情绪表达。

　　修炼情绪表达，可遵循以下原则。

　　第一，杜绝负面情绪。我们做公开发布的节目，负面情绪是一定要杜绝的，几乎没有听众想在节目中被负面情绪所感染，因此我们在节目中所展现的情绪，一定不能是负面的。这里我们还要区分几个概念。有负面影响的主题不等于负面情绪，有反面案例的主题不等于负面情绪，有催人泪下场景的主题不等于负面情绪。在节目中，无论我们的主题如何，情绪上一定要是积极的或者客观中性的，不可以释放消极的负面情绪。

第二，中和嘉宾情绪。我们的节目，在多数情况下会有嘉宾参与，嘉宾的参与会带来不一样的讨论角度和观点，可以给听众带来新鲜感和更多的收获。不过，嘉宾往往也会带来一些我们预期之外的东西。其中，首先就是情绪，情绪有时候可能是在讨论过程中产生的，并不容易提前预知，尤其在多嘉宾有观点碰撞的情况下，嘉宾们难免会有情绪激动的时候，此时我们作为主播，就需要安抚一下大家的情绪，让嘉宾们再次心平气和地在节目录制中理性地发表看法。安抚情绪的过程，往往也是中和想法的过程，我们要让嘉宾们在讨论过程中，尽量尊重和理解其他嘉宾的看法，做到和而不同。

第三，预判及照顾听众的情绪。有读者此时可能会有疑问，我们怎么能预判听众的情绪呢？莫非可以未卜先知？

先说结论：我们的确可以预判一部分听众的情绪，这一部分观众，足够支撑我们做出爆款节目。

播客节目比较考验主播的情商，而情商主要体现在对他人的照顾上，而我们对听众情绪的照顾，正是主播情商的重要体现。

一方面，我们在录制过程中，一定能体会到自己的真实情绪，而我们的真实情绪，也往往是大多数听众可能会产生的情绪。我们的真实情绪可能是悲伤的，也可能是愤怒的，不过无论什么样的情绪，都可能让听众产生不好的节目体验，因此我们可以引导听众们朝着更正面的情绪走，比如悲伤的情绪，可以引导为乐观的情绪；愤怒的情绪，可以引导为平静的情绪。总之，对听众情绪的预判和顾忌，可以让听众产生良好的收听体验。

另一方面，我们对情绪的引导，对听众来说，并非无法感知的行为，大多数听众可以感觉到你的引导行为。不过这种正向的引导行为，不会引发听众的反感，反而可以让听众感受到主播的诚意和情商，让听众在情感层面认可你。作为主播，你也同样受益匪浅。

维度五：表达爆款声音

播客是一档声音栏目，声音是我们最核心的内容表达方式，也是内容质量的核心体现。怎么用好声音，用什么样的声音，也成为播客主播们最核心的诉求，因此，声音是做出爆款节目的第五维度，它同样非常重要。

在声音领域，做出爆款节目最重要的是声音的表现力及节奏感。我会拿出一整个章节，来给大家详细讲解播客主播的声音修炼方法，此处不过多赘述。

讲完爆款章节，我再次联系了小七，让我感到惊喜的是，她不仅认真看完了这部分内容，还亲手做成了一期"小爆款"节目，接下来就让我们一起看看小七的"小爆款"修炼记吧！

小七的"小爆款"

爆款章节，小七学得非常认真，并且按照课程一步步分析起了自己播客的爆款方案。她发给我看的时候，也让我眼前一亮。在这期播客节目上线后，节目效果自然也很不错，可以称之为一期"小爆款"。

那么本次主播故事，就让我们一起看看小七做"小爆款"的经过。

小七依然继续自己的"弱女子讲大案"主题，不过根据爆款五大维度，她将原有节目进行了改进。

在主题上，她选择了案件与社会热点相结合，比如诈骗案件与最新的社会诈骗热点结合在一起，就形成了一个具备热点潜力的故事性主题。

在标题上，利用数字的醒目特点，构建出"3 个人的谋杀案"等吸引眼球的标题。

在话题上，在案件基础上进行延伸，形成围绕主题进行多个社会焦点问题讨论的话题组合。

在情绪上，小七表达出沉着冷静的情绪，这种冷静与"弱女子"形象形成鲜明对比，打造出"弱而冷静"的良好人设，甚至有听众表示，这种"既社恐又涉恐"的人设实在让人太有兴趣了。

最后，在声音上，小七在自己良好的演播能力的基础上，展示了一名"弱女子"该有的声音表现。

我看到的数据表现，着实让我很惊讶，完播率非常高，听众互动非常活跃，而小七却表现得异常神秘，只在整点与大家交流，这种神秘感与主题十分搭配，强化了她的人设。

"小七，祝贺你啊！"我对她说。

"是您指导得好，让我彻底脱离了原有的主播经验，打开了新的思路。"

是的，思路打开了，我们可做的东西，也就多了起来，也能做得越来越好。我很期待读者们也能打开属于自己的思路，创造属于自己的爆款节目吧！

第四章

声音技巧修炼

　　一提到声音技巧，可能很多读者就会想到字正腔圆的播音员和主持人，对自己的声音条件和声音素质完全没有信心，觉得自己的声音，没有可能做好播客。其实这种顾虑完全没有必要，在本章开篇之际，我可以斩钉截铁地告诉大家，每个人都能做好播客，每个人都能掌握做好播客的声音技巧。

　　其实播客对声音的要求，与有声书、直播间等对声音的要求并不一样。播客对声音先天条件的要求并不高，普通话、气息、基调、连停、吐字归音这些播音主持常用的声音技法，即便掌握得不好，对播客质量的影响也很小。

　　我们完全可以通过合适的技巧训练，只使用必要的声音技巧，就可以取得很好的声音效果。

　　那么接下来，就让我们用相当简单的方法，来学习声音技巧，快速开启播客声音修炼之旅，一起开始声音技巧的修炼吧！

表现力：
声音吸引力法则

　　播客对声音的要求，首先强调表现力。表现力可以表达出主播的态度和情绪，以及传达给听众价值感。这3点，对主播来说尤为重要。表现力强，意味着声音魅力更大。

　　为了我们的声音魅力，一起看看如何提升声音的表现力吧！

表现力三特征

　　既然上面提到了声音表现力的重要性，那什么是声音表现力呢？

　　我将它总结为以下3个特征。

　　第一，好的声音可以表达情绪。能表达情绪的声音，是具有人性光辉的声音。其实情绪这个词，我多次讲过，播客的方方面面都离不开情绪的塑造和表现，声音自然也不例外。声音能够正确表达情绪，能够表达出当前内容的态度，其实就是一种最适合播客的表达方式。情绪表达还可以用另外一个词来描述，那就是感染力，好的情绪表达具有感染力，能让听众共情。

情绪表达，更适合情感类、分享类、成长类播客的表现力塑造。这些内容都和情绪表达有关，我们用情绪来塑造人的故事，合情合理，能让听众与你共情。

第二，好的声音与观点匹配，能与观点匹配的声音，是具有专业性的声音。有人可能会问，我的观点在我说出来的时候就已经表达了，与声音技巧有什么关系呢？

的确有关系，没有与观点匹配的声音，会对你实际的观点表达，产生负向作用。比如，你表达的是心理学观点，心理学要求理性、情绪稳定、有启发性，如果我们的声音十分情绪化，或者声音表现出言之凿凿的感觉，那么与心理学观点就不匹配了，你的声音不足以支持你观点的专业性，听众会因声音而对你的观点产生不信任感，而这种不信任感，对专业领域播客的影响是非常大的。

因此，专业领域播客，需要考虑声音与观点的匹配，但是具体如何匹配，需要考虑具体专业的特点和差别，一事一议，后文会介绍具体分析方法。

第三，好的声音有氛围感。氛围感的营造，是故事类播客的有效表达。现在有一个很流行的词——"沉浸式"。沉浸式打卡、沉浸式体验、沉浸式教学等，都成了人们耳熟能详的说法，可以说"沉浸"二字，让很多行为对用户产生了额外的吸引力，这种吸引力其实来源于用户的自驱力，沉浸式的感受，让这种自驱力增强了。而我们想营造声音的沉浸感，就需要氛围感，氛围感让人身临其境，在听内容的同时，可以感受到环境远近、空间大小、人物关系、心理变化、隐含意义等。专业领域播客，几乎不涉及氛围感营造，否则听众可能会觉得主播有些"神神道道"，而故事类播客，则恰好需要这些元素，让听众感受到现场氛围，产生主动期待后面剧情的自驱力。

以上 3 点，就是声音表现力最主要的 3 个特征，接下来，我们看看这 3 个特征分别需要注意的地方有哪些。

情绪表达准则

情绪表达是情感、分享、成长类播客的核心表现力，需要注意以下几点，来提升情感层面的表现。

第一，需要避免负面情绪传达。这一点在上一章节也有提及，不管是否想做爆款节目，我们始终需要避免负面情绪的传达。可能我们在无意中流露的负面情绪，会给听众带来不舒适的感觉。

在情感类播客节目中，我们每一秒的情绪表达，都会拨动听众的心弦，因此要避免造成不好的影响，以防节目的总体表现因为这一点小小的负面情绪而"崩盘"。

第二，稳定的情绪输出。这里先聊聊自我表达与表达收听的差别。自我表达，即你说话给他人听，在这种情况下，大脑对你要表达的内容了如指掌，即使是即兴发言，大脑也一定会对接下来的一句话甚至几句话有预判（包括内容预判和情绪预判），这就意味着在自我表达时，大脑活动是超前于表达本身的。但表达收听则不是，我们在听到内容后，大脑有理解的过程，理解之后还有回味，为什么我们有时候会因为别人的故事而感动，就是因为我们理解并回味了，产生了共鸣，这意味着，表达收听是理解回味滞后于表达的过程。听众对我们的表达，不可能有预判，如果我们情绪输出不稳定或者出乎大众预期，可能会让听众吓一跳，也可能会让听众产生不舒适感。因此，稳定的情绪输出，对听众预期的维系非常重要。

第三，情绪的场景化表达。场景化表达，就是我们在什么场景下，调动什么样的情绪。比如在开心的场景下，我们通常会调动积极和欢快的情绪；在凝重的场景下，我们通常会调动沉静和安定的情绪。有人可能会有疑问，这是让我们按照模板来表演情绪吗？并不是这样的，我并不是让大家表演假情绪，我们一定要注意，假装的情绪，听众可以一下子分辨出来，因此我们需要表达出共识的东西。开心和凝重，这都是大家常见的情绪场景，每个人都会对这些场景有一致的情感预期，即大家都会认为，在这样的场景下，应该会有这样的情绪表达。这些表达一定要是真实的，只是偶尔我们可能会有其他的表达方式，如果你的情绪表达与共识出入不大，那么就没什么问题。人们性格的差异，永远会让每个人的情绪都不完全一样，不过如果差异很大，我建议你可以朝着大家都能接受的共识来贴近，听众能懂的，才是好的表达。

接下来，让我们看看专业匹配该如何做，才能匹配出专业领域播客的表现力。

专业匹配准则

专业领域播客，比如心理学、理财、前沿科技、历史学等，都需要让声音匹配其专业，以体现出主播的专业性。我们该如何匹配自己所涉及的专业呢？简单来说，可以按以下 3 步来做。专业分类、表现方式提炼和声音技巧匹配。

那么就让我们来详细看看如何按这 3 步做。

第一步：专业分类

专业分类，就是把你所擅长的专业分门别类。常见的专业类型包括人文、历史、商业、心理学、科学、互联网、医学、法律、体育、游戏等。专业分类就是判别一下，你想做的专业性播客属于上面的哪个专业类型。

第二步：表现方式提炼

不同的专业分类，其表现力的表现方式是不同的，而这个差异，与这个专业的从业者素养、专业内职业习惯有很强的关联关系。

人文类更强调人性，带有微微的情绪表现，并可加入地域、时节等额外的特征情绪输出。

历史类，其实有一些故事性，如果带有一些氛围营造的表现，则会出彩很多，同时历史类需要的主要是客观的态度，通常需要平稳地表达。

商业类，通常强调带动，商业行为本身就是引导带动行为，有更多人参与进来，才有商业价值，经管、理财、经济、商业等类型的播客内容，有足够强的带动性，听众才更愿意持续收听你的节目，听众的忠实度也会非常高。

心理类，就像前面提到的那样，心理学的核心就是沉稳及启发。沉稳是因为心理从业人员要保持平静的情绪，他们往往需要在平静的状态下才能对客户的心理问题有更精准的判断。而启发，则是心理疏导的常用手段，我们借用此类手段，即可具备足够强的专业性。

科学类，科学类包含了诸多门类，无论是天文地理、物理化学还是生命奥秘，都需要耐心与趣味性。耐心是给听众营造无压力的轻松氛围，而趣味性，则是降低收听门槛，让听众对科学普及产生浓厚兴趣。

互联网类，是比较前沿且变化速度最快的，互联网技术的发展一日千里，5年前人工智能刚刚崭露头角，如今它已成为诸多领域的核心生产力，互联网技术未来还会有多快的发展，可能谁都无法回答。这代表了什么？代表了因先进生产力而生的那份骄傲，我们可以很骄傲地制作与互联网相关的话题与节目，如果是互联网加商业类，则可以有高调的引导和带动，且兼顾二者的表现特征。

医学类，医学代表了严谨和敬畏，我们如果想做一档医学类播客栏目，那就发挥主播的专业所长，外加一份严谨的态度和对病患的责任心与救助感，体现医者的睿智与医者仁心。

法律代表了公平正义及社会活动，我们在传达法律类内容时，表达上应保持客观、中立、干练、严谨，这是传达法律类内容所应具备的特点和素质。

体育类，涉及运动竞技，运动强调的是激情和动感，竞技则更多强调紧张和荣耀。对于体育类内容，我们的表达应更多地将激情、动感、紧张和荣耀这几种语气相结合。

最后谈谈游戏类，游戏越来越多地走入媒体平台中，包含的游戏品类非常丰富，不同的游戏品类都有不同的人群定位和玩法特色，我们没办法统一地讲述，什么样的表达方式适合游戏类内容。我建议真正有足够游戏经验的人去做游戏类播客，毕竟只有玩家才真正懂玩家。

以上就是专业分类的技巧提炼，结合你播客的专业领域，提炼出适合你所选专业的表达方式，接下来就可以进入下一步了。

第三步：声音技巧匹配

从上面可以看出，由每个专业提炼出来的表达方式都可能有多个，而面对实际话题，我们只需要匹配最合适的表达方式即可，原则上最多使用两种表达方式。匹配方式，就是把我们的话题与该分类下的表达方式进行结合试练，试练合适的就留下来，试练感觉别扭的就去掉，保留最合适的一两个即可。这样，一套适合你当前主题的专业性声音技巧就匹配成功啦！

氛围营造准则

接下来，让我们一起看看故事性播客的表现力技巧——氛围。

我们首先来看看何为故事性播客。故事性指的是内容具有故事特点、有情节和趣味性，能给听众营造一个完整的、带剧情的场景。

常见的故事性播客包括故事类、法制案件类、人物传记类、读书类、纪实类等。

这里需要着重注意的是读书类，有读者可能会觉得读书类不应该属于故事性播客。我们试想一下，我们在阅读一本书的时候，是否在头脑中构建了完整画面？我们读的书，小说姑且不论（它肯定是故事类），其他的人文、历史、科普、指南类，是不是在通过各种方式提供更有趣的阅读体验？这种有趣的阅读体验通常就通过增加书中的故事性来提供，因此，故事性是图书的重要特点之一。那么我们做读书类播客，也就是在提炼从书中延续出来的这种故事性。

类型分析完了，我们接下来就一起看看何为氛围。

氛围是个很神奇的东西，虽然仅仅通过话语来描述，但是它能让听众有身临其境的感受。对于氛围，在播客领域，它就是故事性场景的营造者，我们通过氛围的营造来构建故事的场景，让我们口中的人和事，在场景里推动剧情发展。

有读者可能会觉得这件事太难了，我们居然需要用语言构建出场景画面，这要求我们不断描述场景中有什么吗？其实并不是这样的，在氛围营造中，我们并不需要面面俱到地描绘场景，而是通过语音、语气、共鸣、节奏等声音技巧，来展现场景中的关键特点，以此让听众自己脑补画面。

我们一起来看看，通过语言表达，都能营造哪些氛围，以及如何营造这些氛围吧。

第一，空间感。

我们首先来看空间感。场景肯定是构建在一个指定的空间中的，无论是一座小院、一所大学、一座城市还是一片森林，对于场景的展现，首先是空间大小。这个空间有两个层面的含义，一个是整体空间，比如《三国演义》的整体空间是中原大地，因此整体基调是大气磅礴的；另一个是剧情空间，也就是某个剧情展开的空间，比如草船借箭的剧情，就是在一个浓雾弥漫的江畔展开的，在剧情空间上，会有浓雾和岸边界线的压迫感。因此，空间感是我们感受场景的第一印象和持续印象。

在空间感中，我们能展现哪些特征呢？

第一个特征是空间大小，大小代表场景纵深，有足够的纵深，丰富的剧情和大规模场景才能施展得开。一方面，我们可以利用抬高声调、增加气息、打开口腔等方式，来体现空间的广袤；另一方面，我们可以采用与刚才相反的方式，即压低声调、减小气息、微闭口腔等方式，来塑造空间狭小之感。

第二个特征是空间高低，所谓高低，不是房屋高矮，而是空间感的高低。空间感，是人们的一种感觉，我相信大家都有过这种感觉，面对同样一片空间，人多与人少的时候，我们对空间的感受是不同的；有心事和无心事，对空间的感受也是不同的。空间还是那么大，不过我们在某些心境下，空间感却不同，这种不同不是空间大小发生变化了，而是空间高低发生了变化，心理环境良好，空间感则高，就觉得通透，心理环境不好，空间感则低，就感觉压抑。想要空间感高，我们可以通过放开自然嗓音或略微提高声调来塑造，而想要空间感低，则可以通过刻意微微压嗓，来营造高压的感觉。

第二，位置感。

随后，我们一起来看看位置感。位置感指的是我们所描绘的景物与我们的距离和位置。

距离即远近，位置即上下前后，这些信息，我们均可以通过语言来让听众感受到。

元代著名作家马致远有一首经典的散曲，名叫《天净沙·秋思》，这首散曲通过短短5句，就勾勒出一幅非常立体的景象。

> 枯藤老树昏鸦，
> 小桥流水人家，
> 古道西风瘦马。
> 夕阳西下，
> 断肠人在天涯。

我相信很多人对这首散曲都非常熟悉，我们来一起分析一下。

首句"枯藤老树昏鸦",描述了非常具体细致的景物,每个描述对象都带上了形容词,可以看作是近景。

"小桥流水人家",则用了更概括的描述词句,而且描述了3个较大的景物,可以看作是中景。

"古道西风瘦马",把视角再度拉大,是比"小桥流水人家"更大的景象,这是远景。

马致远站在"枯藤老树昏鸦"的面前,一共看到了近中远3组景象。

现在我们一起来看看3种距离的物体该如何增加位置感。

对于近景,声音低沉下来,语速放慢(近景属于特写),最后一个字的读音可以放轻一些,表达视角的移动,移动过后,映入眼帘的就是中景。

对于中景,声音抬高一些,可以适当加一点点轻音以增加一点点距离感,最后一个字的读音轻一些、短促一些,变换一种方式来继续拉远视角。

对于远景,因为远景有磅礴之气,所以我们采用更多的实声,增加气息和力量,我们的声音更实,更有力量和气息,就更能在广阔的场景中"大展拳脚",体现空间的广度。

经过以上3个步骤,一首脍炙人口的名篇,就让我们通过声音把场景立体化了，你应该感受到了场景氛围营造对于提升声音表现力的重要作用。

接下来，让我们再扩充一下氛围营造的维度，从空间延伸到时间。

第三，岁月感。

氛围，不仅仅是空间上的、静态的，更是时间上的、动态的。岁月感，就是我们可以尝试营造的最典型和最容易掌握的时间氛围。

岁月感并非很精准的描述，我们不必关心这岁月究竟有多长，只需要找到绵长、厚重的长久感受即可。

想要营造岁月感，我们首先来想象一下岁月的特征，我们可以用这几个词语来形容：久远、厚重、回忆、年迈。

以上几个词语，描述了岁月感的典型特征，接下来，我们通过这几个特征来分解出其所需的语言技巧。

久远，可以通过声音语调来营造，语调平缓地起伏，可以产生那种久远悠长之感。

厚重，可以通过适当压低声音来表达。

回忆，通过略微缓慢的语速加上情绪来构造，情绪可以是开心的，也可以是失落的，可根据文本实际情况来叠加。

年迈，嗓音适当挤压声带变粗，产生颗粒感的声音，给人一种年迈的岁月感。

以上技巧，根据文本实际表现灵活运用，最多同时使用两个，过多地运用技巧，反而会影响氛围的营造。

第四，镜头感。

镜头感也是一种动态氛围，不过这种氛围营造是短时间的，而非岁月感那种久远的。

我们利用声音进行运镜，让听众感觉到场景的动态变化，从而让场景更加活灵活现。

镜头感可通过声音模拟运镜手法来体现，常见的运镜手法包括以下 3 种。

推动镜头，即由远及近的运镜手法，景物在镜头中是从小变大，从概括到特写的。我们在声音运用上，也可以让力量从轻到重，语速从快到慢，来体现镜头向前推动的氛围变化。

拉回镜头，即由近及远的运镜手法，景物在镜头中是从大变小，从特写到概括的。不过我们在语言表达上，并非反过来这么简单，而是需要运用气息的变化，从全实到加入虚声，语速从快到慢，在体现拉回镜头的同时，着重强调后者才是描述的重点。

横推镜头，镜头横向平移或者环视，这样的运镜手法通常用于介绍场景全貌，在语感上也是平移的，我们通过语义，让场景描述变成不同方位或者依次顺序的几个组，组与组之间加停顿，语气一致，体现出均匀的移动之感。

我们可以很方便地将这 3 种常用的运镜手法运用到氛围营造上，产生短时间的动态氛围营造。

通过综合运用空间感、位置感、岁月感和镜头感，我们可以很方便地为故事类播客营造出恰当的氛围，产生足够强的表现力。

如何提升表现力

那么我们如何提升表现力呢？

方法就在我上面提到的几个语言技巧中，我们逐一来看看如何来练习提升语言表现力。

第一，气息与呼吸。

气息，是我们声音的发动机，有了充足的气息，声音才有足够坚实的基础。气息是否充足，一方面来自我们的训练，另一方面来自正确的呼吸方式。

　　首先来看正确的呼吸方式，我们每一次说话发声，都是一个用气的过程，如果想要气息充足，我们就需要吸入更多的空气，这样才有充足的空气可供我们调用。在呼吸上，我们可以更多地采用"胸腹联合呼吸法"，即调用更多的空气，将其吸入我们的腹腔，由于腹腔容量比较大，这里吸入更多的空气后，也会调动胸腔吸入空气，这样我们的空气吸入量，至少是胸腔吸气量的 1.5 倍。

　　呼吸方式怎么训练呢？ 我们可以通过下面这个简单的方法来练习这种高效率呼吸方式。

　　首先我们要找到膈肌用力的感觉，在腹部用力时，我们能感受到腹部内部有一处肌肉同样在用力，那里就是胸腹之间的膈肌，此时我们可以引导它扩张，膈肌的扩张，会让胸腔的空间扩张到腹部位置，从而增加胸腔容纳空气的能力，这就是胸腹式联合呼吸法的原理。

　　掌握基本位置和基本方法后，我们通过一个简单的训练来尝试运用它。

　　我们先平躺，然后尝试用膈肌发力吸气，同时用一只手平放在腹部，此时如果我们可以感受到手的起伏，说明空气已经进入腹腔，如果我们感觉不到手的起伏，说明空气还停留在胸腔，需要继续让膈肌向下沉。

平躺的目的，是给膈肌来自腰部的支撑，更有利于练习胸腹式联合呼吸法。

接下来，我们看看如何练习气息。气息包括气息力度和气息控制两部分，而这两部分，我们也可以通过一个简单的练习来同步提升。

练习过程叫"按秒报数"：一秒数一个数字，从 1 报到 20，不换气，可以对着秒表来练习。一开始，我们可能最多报几个或者十几个数，此时我们可以每天练习 20 分钟左右，预计用两周左右的时间，我们就可以做到从 1 到 20 按秒报数了。这个标准，人人都能做到，能够报到 20 个数，气息力度和气息控制能力就足够用于做播客了。

第二，力量。

气息之上就是力量，有了气息，我们就可以开始进行力量训练了。

力量，并不意味着用力去说，而是我们具备力量控制能力。力量控制，通俗地讲，就是可轻，可重，可轻重转换，可轻重结合。

轻，就是我们发声力量轻，声带只有轻微的震颤。而发声力量轻，不意味着我们不用力，反而需要我们提高控制能力，腹部力量的运用也不会更少，只是需要控制出气量。

重，就是我们发声力量重，声带全力震颤。力量重，对于气息力度要求就更高了，需要我们的气息充足，同时腹部需要控制出气量，以防破音，导致声音变形，甚至声带受损。

轻重转换，指的是我们发声可以轻松地由轻到重，或者由重到轻，这需要我们有极强的力量控制能力，在故事类内容中，轻重转换是非常有效的制造悬念的法门。

轻重结合，即有轻有重，发声力量轻重结合在一起。比如，有个词叫"外厉内荏"——表面很严厉，但内心很柔软。我们如何表达呢？我们可以通过声带挤压产生较大震颤，同时腹部保持极强的控制能力，在出气速度很快的情况下，实际出气量很小来实现这一表达。

在上述各种力量控制的描述中，我频繁地使用了一个词语，叫"腹部控制"，这个腹部控制，就是声音力量的源泉。

所谓腹部控制该怎么练习呢？在这里，我同样教给大家一个极其简单的方法——腹部用力法。

这个方法要求大家首先找到腹部肌肉收紧用力的状态，就是我们在跑步、做仰卧起坐等时，腹部肌肉紧缩用力的状态。随后我们保持这个状态，用最大的力量练习朗读，这个最大的力量，一定要达到我们当前力量的极限，每天训练10分钟即可。

随着每日训练，我们会发现我们的力量极限在逐渐提升，当我们感觉自己连续一周无法再提升的时候，训练就可以告一段落，此时我们的力量，在身体素质允许的情况下"拉满"了。

力量是一种神奇的东西，我们能掌控大力量，自然可以掌控小力量，我们若能表达"重"，就能更好地表达"轻"，有了控制表达轻重的能力，轻重转换和轻重结合也可以慢慢做到。

气息和力量，是声音表现力的基本功，建议主播们每周都定期做训练，让我们的腹部，始终保持"备战"状态，准备好随时开始做播客。

第三，声调。

声调，代表情绪输出，我们通过不同的声调，可以传达出不一样的情绪价值，因此声调是传达主播观点的好工具。

那我们一起看看如何做好声调训练吧。

声调可分为高、低、扬、落4个主要类型。

高指的是声调高抬，注意不要产生尖啸的声音，影响高声调的舒适度。

低指的是声调低沉，注意不要过于低沉导致声带发音受阻，声音可能会不连贯。

扬指的是声调上扬，落指的是声调下落，这两个都是声调转换的过程，注意自然平滑过渡。

那么对于声调，我们该如何训练呢？很重要的训练方法是练唱，唱一些抒情歌曲。

哪怕我们记不住歌词，哪怕我们五音不全，也不影响用练唱的方法进行声调训练。歌曲是有高低错落的音高的，我们如果想唱出不同的音高组合，势必会使用声调，因此练唱就是非常好的声调训练方法。尤其是歌曲音高组合的转换，正好适合我们练习上扬及下调。

每天练唱两首歌，一个月后，你会清晰地感觉到自己的声调变得更好听，声调转换也更加顺畅起来，这都是我们练唱的收获。

第四，节奏。

节奏，是声音的"韵律"，我们用节奏来感受文本的层次结构，以及通过节奏来控制情绪的变化。节奏是展现主播逻辑性和情感表达的重要声音技巧。

节奏一般不会一成不变，而是快慢结合，这种快慢结合可以通过层次结构产生，如在遇到多个排比句的结构时，我们想表达的意思往往在于后两个或最后一个排比分句，因此我们为了表达文本重点，也往往会有节奏递进的变化，从慢到稍快，这样可以体现出排比句中的重点内容。节奏还可能用于表现情绪，喜怒哀乐除了用发声力量轻重的变化和声调的高低来表现，往往也会通过节奏快慢的变化来表现。那我们该如何做到节奏变化呢？

节奏变化并不需要练习如何做到，而是应该练习如何找准节奏变化的点。

第一，找到层次关键词，我们的语言层次，是通过关键词连接在一起的，包括转折关键词（但是、突然、结果等）、递进关键词（而且、于是、所以等）、并列关键词（还有、接着、和等），这些关键词可以很明确地表达我们语言的层次关系。在节目录制中，如果出现这些关键词，我们可以尝试变换一下节奏，比如尝试由快变慢、由慢变快。

第二，找到情绪的突进点，我相信大家在说话的时候，一定有过这种感受，在某个点，我们的情绪突然发生了变化，或突然兴奋，或突然低落，抑或突然开怀大笑，这些点，都是某些内容引发了我们的情绪共鸣。遇到这种情况，我们就要强化当前的节奏感，比如兴奋的时候，我们会不自主地加快语速，那么就强化一下，让加速更明显一些，更加凸显我们当前的情绪表达。

在口语表达中，我们掌握以上两点即可，随后大家可以尝试一下，如果尝试了，你们就会发现，在口语中找到节奏感，是一件很让人舒畅的事情。

第五，连停。

有一种特殊的节奏处理技巧叫作连停。所谓连停，就是语言的连接和停顿，我们通过连停，可以传达出很多意义。

我们先看停顿，停顿可以表达出我们的标点符号，长停顿、中停顿、短停顿，就如同自然段、句号和逗号一样，可以传达出不同的文本断句。同样地，停顿还可以传达情绪，例如我们说着说着突然停下来，这就代表我们或迟疑、或惊讶、或顿悟，或正在等听众回味。

连接，也可以传达很多东西。首先是剧情关系，我们通过连接，可以连续不断地表达一个动态的概念，情节紧凑、情绪高涨的场景，都可以通过连接来表达。然后是调整听众的感受，比如我们把轻与重连接结合在一起，就形成了一种亲和力很强的语感，这同样是重要的语言表现力。

训练连停，方法非常简单，那就是试错。我们先用现成的文本练习，在一个句子里，刻意增加连接与停顿，尽量跟随自己的语感和语义去设置，此时我们的目的就是试错，连停错了不要紧，通过不断尝试，来逐渐掌握属于自己的正确连停语感。

随后我们可以开始进行脱稿演练，也是同样的方法——试错，通过不断试错和练习，来掌握在脱稿情况下的连停语感。

接下来说一下正确认识连停语感，我们追逐的最终目标是掌握语感，也就是在不详细分析文本的情况下，通过潜意识的语感判断，迅速给出自己认为正确的连接与停顿，不过我们做的并不一定百分之百正确，任何人的表达，都允许出现少量的连停不准，这并不影响语言表现力，偶尔不标准的表达，有时候同样展现了人性魅力。

谈到人性魅力，我们接下来就谈谈，最能表达人性情感的虚实吧。

第六，虚实。

虚实指的是通过对气息和力量的调度，从而实现情感的传达。

我们先看"实"，所谓"实"，指的就是发音没有送气声，力量坚实，我们平常朗读，如果没有刻意增加技巧，就是实的声音。

而"虚"才是我们需要额外掌握的，虚的声音，可以表达情感进而体现人性。

不过在谈技巧之前，我们先看几个现实中的例子。

第一个例子是呼喊，我们在生活中，都有呼喊的经历，呼喊需要大量出气，是典型的送气声。这种大量的送气声加上重音，除了发出声音，一定也能让人感受到情绪的释放，这就是气与情绪的紧密关系。

第二个例子是嘘声，在对事情不满意，表达负面态度时，我们有时候会发出嘘声。嘘声是大量送气和轻声的结合，表达了强烈的不满情绪，这是气与情绪的另一种紧密联系。

由此可见，两种极端的情感表达，都和送气声有紧密的关系，其他或轻或重的各种情感表达，其实也和送气声有关系，那么送气声，其实就是虚声。

因此，虚声是非常有效的情感表达技巧，如果我们进一步做好虚实结合，就可以表达出更丰富的情感。接下来，我们看看如何练习虚声以及虚实结合。

首先做虚声练习，此时，我们可以把所有的内容，都用虚声来播讲。想使用虚声，可以找小声说话的感觉，小声说话，都是送气声，通过气声来实现声带的小范围震颤，接着我们把声音放大一些，气声依然保留，我们会发现，此时的声音，自然带着抒情的感觉，找到这个感觉就对了。

我们每句话都用虚声来播讲，通过这样的练习找到可以舒适发出虚声的感觉。不过每句话都用虚声，这肯定是不对的，当我们高强度使用虚声之后，我们自然可以分辨出，什么情况用虚声，什么情况用实声，分辨的标准就是语感是否舒适，当我们找到虚声和实声各自的舒适语感后，我们就找到了属于自己的虚实结合方式。

其实在语言表达方面，每个人的发声方式都不一样，作为主播，我们切记不要刻意去模仿其他主播的播讲方式，一定要找到属于自己的舒适语感和发声技巧。

好了，我们从气息、力量、声调、节奏和虚实等方面，学习了如何练习及提升语言表现力的方法，随后就可以根据声音表现力的几个维度把技巧组合起来，真正做到学以致用。
这些方法都是有效的，不过仅限于最常见的典型场景，如果
想让声音有更强的表现力，我们可以深入学习更多的声音表
达技巧。

人设表达素养

声音仅仅有表现力，自然是不够的，用声音来表现什么，就是我们接下来要讲解的内容。

这就是——人设！

我们在前面的章节里讲过如何立人设，人设立起来了，我们就需要将其表达出来，这就是声音表现力最重要的用处。在前文中，我们讲到了声音表现力的 3 个特征，无论是情绪、观点还是氛围，其实提高声音表现力，就是在强化主播的人设。那么接下来，就一起来看看，怎么能更好地表达人设。

人设，就是要表达人性，而最好的人性，除了前面讲述的各种表现力技巧，还有语言素养。

所谓语言素养，就是我们在播讲中，已经养成的良好语态和语感。看起来，这个概念和前面讲的表现力相似，但实际上有本质差别。

表现力可以说是我们主动表达出来的，它是外在的、有技巧的。

而本章节所讲的几个素养，是内在的、通过积累形成的。我们通过前面章节学习到了简单好用的声音技巧，那么在这里，我们来共同学习更深层面的语言素养。

自然度：人设收割机的锻造

自然度是我们要讲解的第一个，也是最基础的语言素养。

自然度这个语言素养，其实在日常口语中我们是可以培养好的，即我们在日常传达自己的想法时，都可以很好地做到语气不生硬。

而当有了底稿或者完整讲稿时，很多朋友就发现，自己的表达不像平常说话那样自如。这种现象很正常，我们的讲稿或者提纲，并不完全来自我们自己的想法，因此我们并不能像表述自己的想法那样，表述我们大脑并不熟悉的讲稿内容，这种不熟悉，就造成了自然度的缺失。

自然度缺失，一方面会导致语言表达听起来比较生硬，给听众一种很别扭的听感；另一方面，因为语言表达不自然，意思表达不到位，所以会影响内容乃至人设的传达。我们来看看，播客主播该如何提升表达自然度。

下面是提升表达自然度的一些方法。

提升识读能力是一种缓慢但扎实的方法。识读能力，就是对陌生文本边看边读的能力，拥有较强的识读能力后，即便阅读完全陌生的文本，我们也能读得非常顺畅，同时拥有很好的自然度。

如果深入分析此处所说的识读能力，你就会发现，我们之所以能够一下子就熟悉了刚接触的一篇文本，是因为我们熟悉文本里面的字词组合。我们平时能遇到的文本，无论是小说，还是论文，抑或是文言文，都是由一个个字词组合所构成的，如果我们熟悉这些字词组合，那么一篇从没读过的文本，就不会显得太过陌生。当我们聚焦于字词组合识读能力的提升时，就可以逐步提升识读能力。

提升字词组合的识读能力，窍门在于多读，这个"多读"有两重含义：一是广泛读各种文本，见识到讲稿可能涉及的各种各样的字词组合，包括常用名词、常用词组、常用人名组合、常用术语等，我们见识得越多，能让我们感到陌生的字词组合就越少；二是反复阅读不熟悉的文本，文本不熟悉，本质上是字词组合不熟悉，那我们就反复练习，通过这样的练习，来熟悉陌生的字词组合，对文本自然而然就熟悉了。

识读能力提升之后，你会发现，在接过别人的话题时，我们的语言组织能力，也有惊人的提升，这种提升，主要表现在自然度上。此时，我们就真正提升了表达自然度。

当我们提升识读能力和自然度之后，我们就可以着手分析进阶层面——语言的层次性素养了。

层次性：让听众过瘾的声音素养

层次性是一种语言技巧的综合运用，我们通过以下几种语言技巧，让声音的理解难度骤然降低，让听众听得容易，听得过瘾。

在常规口语表达中，我们可以通过如下方式形成层次性素养。此处的层次性素养，并非指逐字逐句分析我们所表达内容的实际合理层次结构，而是指形成一种语言习惯，在表达的同时，展现出具有层次性的语气和语态，从而让听众感受到你的逻辑性和条理性。

层次性拥有以下几个表达特点。

第一，高低错落。这指的是声音听起来有高有低，错落有致。在一般情况下，以词语和语义为单元，进行高低搭配。常见层次结构，即前后对比、前因后果、承上启下等，都可以通过高低搭配表达出来。

第二，快慢结合。这指的是声音听起来有韵律感。这里我们不提快慢结合对于文本结构及语义理解的作用，只讲韵律。我们的耳朵有时候很奇怪，对韵律感有着出奇的好感，这就导致只要韵律合适，听感就非常舒适。我们可以保持一个稍快和稍缓的节奏作为主体节奏，在这个基础上加上偶尔的缓慢和加快，这样与主体节奏有个对比，就会增加韵律感，变化多少与内容有关，如果是欢快、热烈、交锋的内容，那么我们可以让变化多一些，如果是恬静、舒适、友善的内容，我们可以让变化稍微少一些，总之以听感舒适为准。

使用以上两种方式来训练，培养我们口语表达的好习惯，我们的语言素养，就拥有了层次性表达。

普通话：
专业度体验的基本功

前面讲过，播客对主播的普通话要求不高。我们无须做到吐字归音标准到位，略带地方口音或者个人口语习惯的声音，反而是我们的独家声音特质。很多听众喜欢有特色的主播，而声音特质，则是主播最重要的特色。

不过，虽然播客对普通话的要求不高，但并非完全没有要求。如果我们的普通话很难让别人听懂，那么还是需要进行普通话训练的。接下来，我们来看看有哪些普通话问题是我们需要解决的，以及如何解决这些问题。

在普通话练习领域，有一首《四声歌》，这首《四声歌》向来被我称为快速解决普通话问题的宝典，那么就让我们在普通话章节，从这首《四声歌》开始，来提升我们的普通话水平吧！

《四声歌》

xué 学	hǎo 好	shēng 声	yùn 韵	biàn 辨	sì 四	shēng 声
yīn 阴	yáng 阳	shàng 上	qù 去	yào 要	fēn 分	míng 明
bù 部	wèi 位	fāng 方	fǎ 法	xū 须	zhǎo 找	zhǔn 准
kāi 开	qí 齐	hé 合	cuō 撮	shǔ 属	kǒu 口	xíng 型
shuāng 双	chún 唇	bān 班	bào 报	bì 必	bǎi 百	bō 波
dǐ 抵	shé 舌	dāng 当	dì 地	dòu 斗	diǎn 点	dīng 丁
shé 舌	gēn 根	gāo 高	gǒu 狗	kēng 坑	gēng 耕	gù 故
shé 舌	miàn 面	jī 机	jié 结	jiào 教	jiān 尖	jīng 精
qiào 翘	shé 舌	zhǔ 主	zhēng 争	zhēn 真	zhì 志	zhào 照
píng 平	shé 舌	zī 资	zé 责	zǎo 早	zài 再	zēng 增
cā 擦	yīn 音	fā 发	fān 翻	fēi 飞	fēn 分	fù 副
sòng 送	qì 气	chá 茶	chái 柴	chǎn 产	chè 彻	chēng 称
hé 合	kǒu 口	hū 呼	wǔ 舞	kū 枯	hú 湖	gǔ 古
kāi 开	kǒu 口	hé 河	pō 坡	gē 歌	ān 安	zhēng 争
cuō 撮	kǒu 口	xū 虚	xué 学	xún 寻	xú 徐	jù 剧
qí 齐	chǐ 齿	yī 衣	yōu 优	yáo 摇	yè 夜	yīng 英

qián	bí	ēn	yīn	yān	wān	wěn
前	鼻	恩	因	烟	弯	稳

hòu	bí	áng	yíng	zhōng	yōng	shēng
后	鼻	昂	迎	中	拥	生

yǎo	jǐn	zì	tóu	guī	zì	wěi
咬	紧	字	头	归	字	尾

yīn	yáng	shǎng	qù	jì	biàn	shēng
阴	阳	上	去	记	变	声

xún	xù	jiàn	jìn	jiān	chí	liàn
循	序	渐	进	坚	持	练

bù	nán	dá	dào	chún	hé	qīng
不	难	达	到	纯	和	清

面对这首《四声歌》，你可能一筹莫展，不知该如何下手，那么就按照下面几项重点，来练习起来。

前后鼻音

我们来看这两句："前鼻恩因烟弯稳，后鼻昂迎中拥生。"

《四声歌》中这两句，是首个重点——前后鼻音。

从上面两句的读音中，大家已经知道前后鼻音是什么了，而前后鼻音，也是大家普遍觉得很难练习的普通话发音之一。

其实这里存在一个误区，即错误的前后鼻音很难被纠正。现在跟着我的步骤，让我们快速掌握前后鼻音的正确发音方法。

我们首先来看这个名词——前后鼻音，看到这个名词你可能会有个疑问，难道发音位置在鼻子的前面和后面吗？恭喜你答对了！

理解这个基本概念后，我们就可以进入发音方式掌握环节了。

前鼻音：

前鼻音发声部位在鼻子的前面，我们来这样找到发音位置：口腔中鼻子前面就是口腔前半部分，我们舌根顶起来，舌面悬空于口腔前半部分，向下用力。

此时，我们来念"恩、因、烟、弯、稳"，感受一下口腔上部产生共鸣的感觉。

后鼻音：

后鼻音发声部位在鼻子的后面，就是靠近脖子的位置，舌根向后用力，舌面被向后拉扯，位于口腔正中间。

此时，我们来念："昂、迎、中、拥、生"，感受一下口腔后部靠近脖子部位的共鸣。

按照上面的方法，读单个文字，我们很容易发出正确的发音，前后鼻音真正的难点在于读句子和段落，即多字结合起来发音，如果我们刚刚开始纠正发音，往往会在念句子和段落时放松警惕，进而出现发音错误，那么我们就需要把练习场景挪到多字场景中。首先是词组，找到自己发音有弱项的词组，反复练习前后鼻音，当词组的前后鼻音发音没有问题后，我们可以继续扩展到句子，当句子可以熟练读好后，再练习读段落。

这个过程不是盲目地练习，而是有目的性的。前鼻音与后鼻音可组成 3 个组合，分别是 an 和 ang，en 和 eng，in 和 ing，主播们也并非 3 个组合都有问题，可能只有其中一个或两个组合有问题，在这种情况下，专门练习自己的弱项即可。

练习到什么程度算合格呢？ 因为我们并不是录制有声书，所以我们的发音只需要能让听众轻易分辨即可，无须特别标准，略微带一点点个人口音特色的发音，在播客领域，也是一件好事。

下面这则绕口令，大家也可以拿来练习前后鼻音，对于快速掌握发音技巧非常有帮助。

高高山上一条藤，藤条头上挂铜铃。
风吹藤动铜铃动，风停藤停铜铃停。

平翘舌音

我们再来看这两句："翘舌主争真志照，平舌资责早再增。"

《四声歌》的这两句，是我们另一个重点——平翘舌音。

纠正平翘舌音，比纠正前后鼻音更容易一些。我们先看看它们的发音原理。

我们先看平舌音，顾名思义，平舌音就是舌面放平发出的声音，它的第一个特征就是舌面放平，一个"躺平"的舌面，发出的声音相对稳定一些，因此平舌音听起来也是四平八稳的。不过单单舌面"躺平"肯定还不够，为了让舌面"躺"得舒服，我们还需要让舌尖抵住下牙，这样舌面才能用得上力量，在发音时，舌面是紧张的，肌肉收紧，很有力量感。为了让舌面有力量，上下牙其实也会自然咬紧，只保留舌尖与上牙之间小小的缝隙，声音从小小缝隙中挤出，平舌音就发出了。让我们一起来试试这几个音——资、责、早、再、增，体会一下声音从小小缝隙挤出来产生的那种摩擦感。

接着，我们来看翘舌音，我们也先从字面意思出发，翘舌即舌头翘起来，翘舌音听起来一定不是平稳的，反而给人一种很"卷"的感觉，"卷"起来，肯定不如"躺平"舒服，因此正确发出翘舌音，会比发出平舌音稍微累一些。我们把舌头翘起来，这种翘，不是舌尖用力翘，而是舌面用力把舌尖翘起来，这时口腔内部空间已经被舌头占满了，不过舌头不要和口腔及牙齿的任何部位产生接触，空气从舌头四周的空隙溜走，发出略微的哨音，这种虚感十足的声音，就是翘舌音。我们来试试这几个音——主、争、真、志、照，感受一下这种虚感十足的"卷"味。

平舌音和翘舌音的区别很明显，单字很容易掌握，不过平翘舌音的核心问题在于方言习惯。在我国不同的地方，平翘舌音的发音习惯均不一样，在我们每个人的家乡话中，几乎都有或多或少的平翘舌音不标准的现象，这种情况就需要大家持续纠正早已习惯的方言发音。

相较于技术训练，改变习惯难得多，不过我们可以准备一个小本子，在自己无意间发错平翘舌音时，把涉及的词语记录下来（一定记录词语而非单字），然后我们对这些词语进行单独训练，以逐步形成习惯，当我们主动进行针对性练习后，平翘舌错误发音就会越来越少，直到全部纠正。

前面说过，播客对主播普通话的要求不高，不过平翘舌音是我们必须完全掌握的发音，平翘舌发音不准，对听众收听效果影响非常大，因此即便很难，我们也要下功夫来纠正。

平翘舌音，大家可以用下面的绕口令来练习。

山前有四十四棵死涩柿子树，山后有四十四只石狮子，

山前的四十四棵死涩柿子树，涩死了山后的四十四只石狮子。

老大难的"卧龙凤雏"

自从"卧龙凤雏"成为具有喜感的贬义词之后，我就一直会联想到以下几组发音。

它们分别是 l 和 n、h 和 f、e 和 uo，就让我们来分别击破它们吧！

首先来看 l 音和 n 音，一部分南方的小伙伴，可能会遇到这一对"伙伴"。这两个音的发音区别，主要在于发音的时候，舌尖位置不同。

在发 l 的音时，舌头是弹跳的。在发音之前，舌尖卷曲贴紧上牙床，在发音的一瞬间，舌尖弹出，发音完成。正因为它是弹跳的，所以音程极短，很快就变成了 e 音。

而在发 n 的音时，舌头是粘连的。在发音之前，舌尖卡在上下牙之间，发音的一瞬间，舌尖向后卷曲，这个动作是无法迅速完成的，因此音程比发 l 音要长，变成 e 音的时间也比发 l 音要长。

区别这两个音，找准发音前舌头的位置即可。

我们可以通过下面的绕口令来练习一下。

蓝教练是女教练，吕教练是男教练，
蓝教练不是男教练，吕教练不是女教练。

　　再来看看 h 和 f，有些地区的小伙伴会把这两个音读反，即普通话的 h 音在方言中读 f 音，而普通话的 f 音则在方言中读 h 音。有这种问题的朋友们无须做任何发音练习，实际上，两个音我们都可以准确发出，只不过由于语言习惯问题反着运用而已，此时，我们需要像纠正平翘舌音一样，反复练习，出错的音就用小本子记好，逐个击破即可。

　　最后我们来看看 e 音和 uo 音，这是两个韵母音节，把这二者弄混淆的朋友们，韵母发音常常会增加口型，有了多余的口型，韵母发音自然会发生变化。在发 e 音的时候，口型不要有变化，保持不动，就能发出标准的 e 音了。

去声上扬问题

　　去声，即三声和四声，这两个声调的主线，是向下走的，即便是复杂的三声，也在向下之后少量上扬，向下是去声的"主旋律"。

　　不过有少部分北方的小伙伴，受到方言的影响，去声发音会有如二声一样上扬的表现。

　　这个问题其实很隐蔽，很多人在去声上扬的过程中浑然不觉，不过对听众来说，这样的发音相当别扭，我建议有此问题的主播们，还是要尝试调整一下，给听众更好的听感。

想解决此问题，一方面语调要放平，去声上扬首先因为发音有轻微唱腔，所以语调整体放平，有助于初步解决该问题，也有助于养成良好的发音习惯；另一方面，可以专门做三声和四声的训练，这样熟悉了三声和四声的语感，有助于我们正确发音。

谁、这、那

这 3 个字在书面语和口语中发音不同。

在书面语中的发音，"谁"读 shui（二声），"这"读 zhe（四声），"那"读 na（四声）。

而在口语环境中，"谁"读 shei（二声），"这"读 zhei（四声），"那"读 nei（四声）。

那么在播客中，面对这"三剑客"，我们该如何应对呢？

我们秉持以下原则。

在引用书面原文、正式表达、做读音纠正节目、专业内容表达等时，使用书面语读音。

在常规访谈交流、常规口语表达、亲和力内容表达等时，使用口语读音。

不过偶尔用错，对播客内容表达的影响并不大。

第五章

播客音频这么做

在这一章，我们开始讲解关于音频录制的内容，音频录制，可以说是播客真正实践的开始。就让我们先从录制基础知识出发，再认识一下录音可用的设备，然后通过录音软件提升音频质量，最后利用后期技巧添加音效，让我们的声音悦耳动听。

是不是已经迫不及待想知道怎么做了？ 我们这就开始！

录音基础知识

录音基础知识，在此不多讲，只用最通俗的语言来介绍与播客相关的核心知识点。

音质

录音的音质，以还原真实声音为目的，而非美化声音。原始声音的好坏，要看我们是否足够还原本身音质，以及人声以外的杂音是否足够小。

杂音可以包括环境噪声、环境杂音、气口、齿音、口水音、房混和喷麦等。这些杂音，有些可以处理，有些无法处理。

我们这就逐一讲解这些杂音。

环境噪声

我们首先要明白一个道理，环境噪声是我们在录音中无法杜绝的，即使在最高端的录音棚中，也会有环境噪声。

不过环境噪声又是不影响音质的，好的环境噪声是稳定噪声。我们如果打开能查看波形和频谱的音频编辑软件（最常用的软件是 Adobe 的 Audition 软件，简称 AU），我们就会发现，好的环境噪声，基本不影响音频的波形，频谱也是均匀分布的。这样小小的、稳定的环境噪声，我们通过软件降噪，就可以轻松去除。

那么环境噪声是如何产生的呢？它们主要有以下来源。

首先是空气轻微振动，在我们的空间中，空气的轻微振动都会产生极细小的声音，我们用耳朵几乎无法捕捉，但是通过录音设备，却可以收录进来。不过在封闭的房间中，这种噪声是非常稳定的，它们也被称为"白噪声"。

其次还有一种白噪声，是通过录音设备、线缆和计算机的电路运行产生的，设备在正常运转时，会产生稳定的电路运行噪声，这部分噪声也可以轻松去除。

最后还有两类环境噪声是不好的，一类是计算机异常电流音，具体表现是频谱颜色异常高亮。异常电流音是很难去除的，需要检查计算机设备或接线，来解决异常电流问题。

第二类是风扇声，计算机一般都会有散热风扇，自然会产生这种噪声。我们人耳听风扇声会觉得声音很均匀，但是从设备收录的情况来看，不同时间的风扇声音在音量大小和频率上都有所不同。我们需要想办法杜绝这类噪声。

如何杜绝这类噪声呢？ 如果用台式计算机，可以把主机箱放在录音房间或者录音棚之外，隔绝噪声来源，如果想用笔记本电脑录音，建议选购静音效果好的商务笔记本电脑，录音对计算机配置要求不高，但是安静运行则是选择计算机的重要条件。

环境杂音

环境杂音，指的是除了环境噪声的不规律声响，比如窗外的汽车鸣笛、屋内其他人说话声、楼上装修声、雨点拍打窗户声等，凡是能被录入的外部异常声响，都在环境杂音范围内。

在人声时段之外的环境杂音，很容易消除，但是如果和人声叠加，就麻烦很多，轻微的环境杂音可以消除，太严重的环境杂音，如果消除，对人声的影响就非常大。

我们在录音的时候，注意尽量消除环境中可能会引发杂音的因素，比如将窗户紧闭、确保房间内无人走动、说话以及楼上无人装修等，不过对播客来说，只要在实际试听中，没有明显的杂音，其实就够用了，我们只需要注意明显的杂音，而轻微杂音对播客的影响非常小。

气口

气口是我们说话过程中换气的声音，在日常生活中我们几乎听不到换气声，但是由于使用麦克风近距离录音，我们在录音中能够听到比较明显的气口。这种声音，对录制专业化有声书、有声读物来说会有影响，但是对播客来说，正常的气口不用处理，有气口反而让我们的节目更加自然一些，只要不是气喘吁吁的那种气口，都可以正常保留。

齿音

当我们偶尔上下牙相互接触时，就会发出齿音，齿音也属于日常很容易被忽视，但是收音设备可以收录的一种声音，齿音是一种比较尖锐的声响，在它很明显的时候，对听感的影响比较大。

消除齿音，一方面需要养成良好的发音习惯，在录制节目之前，做一做口部操，锻炼一下口腔肌肉，这样可以有效防止大部分齿音发生。

另一方面，我们常用的音频编辑软件，都有消除齿音的功能，可以消除录音中轻微的齿音。

口水音

口水音是我们在发声过程中，由于口腔各部分之间的粘连而发出的异响。如果我们在录音中，听到轻微的"啪啪"声，一般都是口水音导致的。口水音和齿音一样，都是伴随着发音产生的杂音，也会很明显。

口水音也可以通过软件来去除。在录音之前，多喝水，不要让口腔过于干燥，也是减少口水音的好办法。

房混

房混，即房间混音，是所有杂音中，最难缠的一种，如果录音中有明显的房混，想用软件去除，难度非常高，即便去除了，音质也会严重受损。我们要在录音的时候，保证环境没有明显的房混。

房混来源于我们发出的声音，在空间产生的回声。因此，越空旷的房间，回声就越大，录音的房混也就越明显，我们的目标就是把录音的房间打造成没有明显房混的录音环境。

降低房混的方式有以下几种。

第一，终极版，打造吸音录音棚。房间面积小一些，密闭性好一些，墙面、顶棚都贴好吸音板或者吸音棉，这样我们的声音发出来，不会在房间中发生明显反射，可以最大程度杜绝房混的产生。不过这个方式成本高、房间改造难度大，如果不是专业化录制，代价太大了。如果我们真的需要专业化录制，我们可以临时租用一个录音棚，来达到专业化录制的目的。

第二，简易版，如果需要一个自用的低成本录音棚，我们可以利用现有材料改造。比如，我们可以网购一个简易更衣间，然后贴好吸音棉，一个简单的录音棚就打造完毕了。

第三，日常版，我们做播客，可能会出现多人共同录制的情况，简易的录音室往往容纳不了太多人，如果不想租用录音棚，我们可以利用身边的物品来降低房混。比如，选择一个不空旷的房间，房间内物品越多，同一方向声音反射就越少，可以有效抵消房混。此外，还可以在说话的方向，布置床铺、棉被、抱枕、毛绒玩具等物品，纺织物品有非常多的细小缝隙，是绝佳的吸音物品。这样打造的房间，也可以有效去除比较明显的房混，虽然可能还会有细微房混产生，不过对于播客的听感影响并不大。

喷麦

当我们在发出送气音，比如 p、t、k、c、ch 等音的时候，可能会额外产生很大的气流冲击麦克风，发出"噗噗"的声音，影响录音质量。

喷麦产生的杂音很难处理，喷麦必须在录音环节就杜绝。我们可以通过下面的方法来尝试杜绝喷麦。

首先，可以改变送气音的发音习惯，在读上述送气音时，减小气流的送出，这样可以大幅降低喷麦的概率。

其次，可以在麦克风前安装防喷罩，这同样可以大幅降低喷麦的概率。

最后，保持安全距离。我们在录音过程中，嘴巴与麦克风或防喷罩保持一定距离，这个距离因人而异，每个人的气息力量都不一样。我们根据自己的惯用气息来调整舒适的对麦距离，每个人都会有一个平衡距离，太近会导致轻微喷麦，太远会导致轻微回声。

我们了解了关于播客录音的基础知识，接下来就讲解一下，我们录制播客可以使用的设备吧！

录音设备：
让音质有保证

　　播客是声音的艺术，在播客中，音质至关重要。但我们毕竟不是专门制作有声书，对音质的要求，不会那样严苛。接下来，我会从我们最可能使用的日常设备和录音设备两方面入手，指导大家如何录制播客音频，以取得既简单又良好的播客效果。

日常设备

　　日常设备，指的是我们不必专门购置录音设备，而是使用我们平时生活中都能找到的设备，用这些设备来录制播客。虽然录制的音质很难达到很优秀的程度，但如果这些设备应用得当，也可以实现相对较好的音质。在播客入门期，这样的音质已经足够用了。

　　我们常使用的日常设备主要是手机、计算机和录音笔3种，我们分别看看这3种设备是否可以用来录制播客。

　　先来看手机，手机是我们最常使用的移动设备，而手机天然就内置了麦克风，使得它成为我们能找到的最方便的设备。手机一般带有一个收音效果良好的麦克风，对刚刚开始制作播客的朋友来说，可以作为一台入门设备来使用，不过用手机录音，需要注意以下几个问题。

第一，处理好手机消息推送的干扰，最好的办法就是把消息推送设置为静音（振动也会有干扰），或者将手机设置为免打扰模式，这样我们就不用担心收到的消息或者电话干扰到我们的录音活动。

第二，处理好麦克风附近的杂物，手机麦克风一般位于手机底部，位置隐蔽，收音开口也很狭小，如果麦克风附近有杂物，则直接影响收音效果。因此，我们在录音的时候，先注意一下手机壳的麦克风开口是否足够大，以及麦克风上是否有严重积灰，麦克风旁边是否有容易被气口吹动的纸张等。这些问题都可能带来杂音，影响录制效果。

第三，注意录制距离，手机麦克风一般没有良好的防喷麦效果，录制距离不能太近，但是如果录制距离过远，麦克风下面的桌面反射声音也可能导致轻微房混，我们要测试好自己手机的最佳录制距离，如果距离太远，因轻微房混而导致效果始终不理想，则可以在手机下面垫一层针织物来消除这类房混。

第四，手机端可供选择的录音软件极多，可多试几个，选择听起来音质更好的软件。同时推荐利用网络会议软件来录音，对于目前主流的网络会议软件，手机麦克风的录音效果要远好于电脑自带的麦克风效果，利用网络会议软件，一方面便于邀约嘉宾直接开始在线访谈，同时也会有比较好的录音效果，强烈推荐尝试。

除了手机，我们来看另一个常见设备——笔记本电脑。台式计算机一般不具备自带麦克风，我们着重看一下笔记本电脑，笔记本电脑自带的麦克风的效果一般不如手机，比如用同一款网络会议软件，笔记本电脑自带的麦克风的录制效果，往往不如手机麦克风。一般情况下，不推荐单纯使用笔记本电脑自带的麦克风，如果连接麦克风设备，笔记本就是非常好的录音设备了。

我们再来看看录音笔，录音笔的录音效果在一般情况下会比手机麦克风的效果更好一些，这是一种我比较推荐的录制设备。不过录音笔功能比较单一，我们很难一边录制一边查看波形等，因此需要主播对自己的声音表现有一定了解，以防后续试听的时候发现声音效果不佳而返工。制作播客节目对主播心态要求很高，重新录制节目，我们往往会感到崩溃，节目也很难录制出原来的效果。

第五，我们来看看诸如领口麦克等自媒体常用的新式设备，这些设备鱼龙混杂，在大多数情况下我们买到的产品可能无法达到预期效果，如果打算采用，建议选择品牌知名度高一些，价位不算很低的产品，这样失败概率会低一些。

录音设备

使用录音设备会让音质有大幅度提升，同时录制出来的干音，还有较大的处理空间。比如前面提到过的各种噪声杂音，只有使用录音设备录制的音频才能处理掉这些噪声杂音。我们现在用最简单的方式来快速了解它们。

录音设备一般包括声卡、麦克风和监听耳机3个核心部分，此外为了设备的连接，还应该有一个麦克风支架，一个麦克风防喷罩和相关连接线。

声卡的作用包括声音处理、提升音质、修复声音瑕疵等，有些直播专用声卡，还有特效音功能，在我们日常录音中，声卡也是连接麦克风、监听耳机等输入输出设备的核心部件。

麦克风是收音设备，市面上的麦克风一般分为电容麦克风和动圈麦克风。

电容麦克风的工作原理是通过电容变化来转换声音信号，优点是灵敏度高，能够捕捉更微小的声音细节，不过如果录音环境比较嘈杂，杂音很容易被录入，因此使用时对环境有一定要求，不过正常室内的安静环境，是完全满足电容麦克风的使用条件的。

动圈麦克风的工作原理是通过磁场感应实现的，灵敏度比电容麦克风差一些，过滤杂音的能力却更强，但是因为灵敏度不够，如果声卡性能一般的话，可能带不动动圈麦克风，所以动圈麦克风一般适用于室外演出等活动的录音。

我们在录制播客时，基本在室内活动，可以优先选择电容麦克风。

除了声卡和麦克风，核心设备还有监听耳机，监听耳机的作用就是让我们通过耳机，实时听到自己的声音。我们平常听到的自己的声音，与实际录制出来的会有很大差别，无论是音色、语感还是语调，录制出来的声音往往没有自己直接从耳朵中听到的那么好听，因此监听耳机就非常重要了。

在录制播客时，建议选择比较小的耳机，而非头戴式耳机。一方面是由于较小的耳机，不会给头部带来更多的负担，另一方面也由于播客是互动性节目，而非个人沉浸式录音，我们需要和外界有交流，而一个小小的监听耳机，不会干扰我们与嘉宾和听众的互动感受。

除了上面"三大件"，还有"三小件"。

首先是麦克风支架，一般分为悬臂式和桌面式两种。悬臂式支架可以有更大幅度的麦克风方向变化，看起来也炫酷一些，不过支架便携性不好，对桌面也有一定要求，否则可能会支不住。而桌面式支架则可以放在任何平面上，支撑麦克风，但是可调节角度比较小，看起来也更常规，好像缺乏点录音的"范儿"，如何选择，要看大家的实际需求再决定。

其次，防喷罩是麦克风录音必备的设备，我们通过安装防喷罩来减小喷麦的概率。防喷罩放置在麦克风与嘴巴之间，用来阻隔气流对麦克风的冲击。防喷罩并不能完全杜绝喷麦，但是可以减少大多数喷麦的发生。

最后是线缆，我们会用到的线缆有两条，一条是声卡与麦克风的连接线，一般是"卡农线"，这是常用的音频连接线；另一条是声卡与电脑的连接线，通常是一条 USB 线。平常在放置这两条线时，不要弯折和拉扯，防止接触不良。接触不良的话，会影响录音效果。

我们现在就可以利用前面所讲的设备来录音了。

如果用日常设备录音，我们用设备直接录制即可。如果用录音设备录音，可以在笔记本电脑上安装录音软件来进行音频录制，最常用的录音软件就是前面介绍过的 AU。

如果我们利用网络会议软件来组织线上访谈，可以直接使用麦克风来录音，会议软件一般会有录音录像功能，可以让本地主播与异地嘉宾的声音同时收录在一个音频中。

接下来，一起看看如何用录制好的音频来制作有趣的成品节目吧！

后期制作：
打造动听的成品节目，
有声主播的播客故事

现在就是发挥我们创意的时候了！ 如果想让我们的播客节目更加丰满、更具吸引力，后期制作必不可少，那么就让我们从开场到结束，沿着制作一期节目的全周期，一起来看看如何通过后期制作来为节目添彩吧！

开场

播客节目一般常见 3 种开场方式，一种是剪辑开场，一种是音乐开场，还有一种是格式化开场。

剪辑开场

剪辑本期内容的精彩部分，提前放出有吸引力的内容。这种开场，主要适用于多嘉宾访谈类节目，多嘉宾对谈的形式，更容易碰撞出有趣的对话和观点，而这些则是我们可以剪辑进开场的精彩片段。如果你想使用剪辑开场，需要注意以下 3 个原则。

第一，嘉宾覆盖齐全，我们的剪辑，最好能让所有嘉宾都登场，一方面这是对嘉宾的尊重，另一方面可以让听众感受到本期节目的嘉宾数量，对多嘉宾访谈类节目来说，嘉宾数量往往也能代表我们做节目的用心程度。

第二，剪辑内容不趋同，我们的剪辑，最好不是嘉宾都在讨论同一个观点，如果内容能覆盖我们的主要话题，并且体现不同嘉宾在不同话题上的精彩发言，就再好不过了，这样可以充分提炼出精彩要点，提前呈现给听众。

第三，剪辑内容不过长，可供选择的原材料有很多，但我们在剪辑的时候往往这也舍不得删，那也舍不得删。不过再舍不得，也要做一次"断舍离"，毕竟这不是正式内容。剪辑总长不超过 30 秒，单句总长不超过 6 秒，剪辑片段一共不超过 6 句。这样紧凑的剪辑开场，才会具有良好的效果，既展示了精彩内容，又不喧宾夺主。

音乐开场

音乐开场的适用性非常广泛，几乎适用于所有类型的播客。不过我们依然需要注意以下几点。

第一，选取的音乐，要贴合我们的节目主题及节奏，开场音乐会直接影响听众对本期节目的基础认知。因此，轻松的内容，就选取轻松的音乐，舒缓的内容，就选取舒缓的音乐。

第二，选取的音乐，尽量减少人声。播客是一档语言类节目，我们的节目差不多全篇都是讲话和对谈，在开场音乐中减少人声，可以平衡节目整体节奏。

第三，控制时长，我们一定要把控开场音乐时长，以防听众产生错觉，而丧失对节目的收听期待。在一般情况下，我们的开场音乐时长控制在 1 分钟以内为宜，30 秒内结束就更好。

第四，我们一定要注意音乐的版权问题，我们可以通过音乐版权平台来获取使用授权，以保证节目不侵权。

格式化开场

这也是一种普遍适用的开场方式，我们提前做好一段开场音频，从口播到配乐都做好，我们每一期节目都可以直接添加使用。

这样做的好处显而易见，既显得专业，又省时省力。不过这样做也有缺点，那就是容易让听众感到疲劳，每个人对重复内容的忍耐力是有限度的，每一期都用同样的开头，容易引发听众的反感。

选用这种开场方式，需要注意以下两点。

第一，开场节奏紧凑一些，紧凑的声音往往不容易听腻。

第二，控制时长，我们的格式化开场，其实写一句口号，加上专辑名和主播名就够了，时长控制在 20 秒以内为宜，在 10 秒内结束则更好。

内容

内容部分，是后期制作最难的部分。做得太多，节目显得臃肿，各种音效也会喧宾夺主，让听众听不清主播们讲的话，做得太少，听众感觉主播不用心。不过，这个"感觉"太主观了，我们应该做得少一些，让内容回归内容本身。

在内容上，做好废弃内容的剪辑，以及简单的过场音乐音效就足够了，在播客节目的后期制作上，一定秉承"少即是多"的理念。

结尾

结尾与内容部分不一样，我们需要像开场一样，多思考一下，做到首尾呼应。播客节目的结尾，我们可以通过音乐结尾、口播结尾、预告结尾这 3 种方式来呈现，这 3 种方式，都可以普遍用于各类播客的结尾，就让我们一起看看吧。

音乐结尾

音乐结尾和音乐开场不同，在时长上可以放开限制。听过一期充满知识和话题的播客节目后，听听音乐能起到很好的舒缓作用。此时，如果音乐是开场音乐的延续，那就更棒了，能够让听众继续享受开场音乐，实现非常好的首尾呼应。

口播结尾

口播结尾是另一种常见的结尾形式，我们在结尾的时候可以引导听众们关注、订阅主播的账号以及推荐主播的其他媒体账号，这些都是可行的，而且效果很好。利用好口播结尾，可以给我们带来更好的数据表现。

预告结尾

这是难度最大的一种结尾方式，也是效果最好的结尾方式。我们通过预告下一期节目的主题来结束本期节目，这样的结尾能够保持一种很有仪式感的连续性，让听众感受到你的用心。听众更喜欢坚持创作的主播，预告结尾会给听众们一颗定心丸。不过这需要我们对后续节目有所储备，此时最好至少备好了一期节目的完整音频，以确保预告不"食言"。

在我写完音频录制这部分内容的时候，一位有声主播进入我的视野，你们对有声主播都有哪些印象呢？普通话标准？声音好听？讲故事超棒？反正这几点，他都具备。

他在学习了我的有声课程后，毫不迟疑地开始做播客，用了半年时间，打造了一档热门播客栏目，目前每日播放量达到 1 万次以上。

这位主播叫唐伟随身听，在现实中是一位有 25 年从业经验的培训师，在学习完有声课程后，他并没有选择去录制有声书或者广播剧，而是直接做播客。

用他的话说，由于职业关系，他喜欢和人打交道，于是带领另外两位有声课程同学，投入播客赛道。

他是职业培训师，另一位女主播是二孩宝妈，另一位男主播是大学老师外加职业培训师，3 个人一拍即合，开启了这档集职场、生活、情感于一体的播客栏目。

3 位伙伴都能做好录制和表达工作，播客便一直都做得很顺利，没有遇到困难和瓶颈。不过如此顺利的播客经历，却让他感觉到惶恐和茫然。

这份惶恐和茫然来自节目定位不清晰。身边都是有声主播，因此他并没有接触过太多播客主播。虽然他们的播客数据表现很好，口碑也很棒，每个月还有几百元钱的收益，但是缺乏播客应有的目标性，做得比较盲目。

对于他的问题，我给他提供了以下几个建议。

第一，多听热门播客栏目，有声主播和播客主播还是有很大差别的。如果视野始终困在有声主播的圈子内，那肯定是不行的。要走出目前的舒适区，参考行业内优秀的播客栏目，找到努力的目标。

第二，他们目前在用有声主播的方式做播客，比如认真写稿，每个人单独录音再通过后期整合在一起，这样就不够随性且缺乏趣味互动。这样做虽然保证了音质，却失掉了播客本身的灵动。

第三，缺乏播客的运营思维，虽然数据表现很好，但不知道该如何运作让数据表现更进一步。

他自己也感觉到了运营的缺乏，从数据表现来看，其实他的播客早应该成为小热门才对，结果一直没有在播客平台获得该有的知名度。

"那运营章节安排起来？"我开玩笑地和他说道。

他非常认同："太好了，我们也正想学习一下播客运营该怎么做呢！"

于是，关于运营的内容，就这样组织起来了。

第六章

播客运营宝典

我们终于讲完了播客内容制作的内容，现在我们开始进入播客运营知识的讲解。

先来介绍一下运营的概念，运营——运作和经营。

运作，即如何让播客的数据表现更好，吸引更多听众。经营，即通过播客实现变现。

本章讲解运作内容，下一章则详解播客变现。

让我们进入本章的内容吧！

基础篇：
播客运营基础知识

　　这一部分，我们来看看播客运营过程中涉及的运营基础知识，在了解必要的基础知识后，我们才会知道，运营该怎么做，如何运营才算有效果。

　　运营基础知识，可以分为数据类和标签类两种。我们分别来学习。

数据类

　　数据类基础知识，是运营领域最重要的内容，有人说，做运营约等于做数据，这句话非常有道理，也足以说明数据在运营中的核心地位。接下来，我们一起看看播客平台常用的运营数据知识点，以及其实际运营价值。

播放量

　　播放量是我们最常见的数据，听众只要点击播放，就会产生一次播放量，播放量可以反映出有多少人点击进入了节目，可以反映出节目的受欢迎程度。不过，有没有这种可能——大家点击进来之后没有收听多少内容就退出来了？当然有，因此单看播放量，无法了解音频是否真的满足了听众的期待，还需要搭配以下两个数据，它们分别是完播率和留存率。

完播率

完播率是点击进入音频的听众，有多少人听完了。这个数据仅仅开放给分析数据的主播，而不会公开对外展示。不过对主播来说，完播率往往比播放量更重要一些，我们通过完播率，可以衡量出听众对这一期节目的态度。听众的态度，往往是通过行为表现的，而完播率就是告诉主播，听众喜欢还是不喜欢。不同的平台，根据内容的不同，行业平均完播率也各不相同，视频类内容的行业平均完播率达到 30% 以上就很高了，音频类内容的行业平均完播率，可以达到 60% 至 70%，我们要以这个标准来衡量我们的内容的受欢迎程度。如果我们节目的完播率可以稳定高于行业平均完播率，就说明听众很喜欢我们的内容，如果某一期节目的完播率突然下降，我们就需要分析一下，什么原因导致了下降，从而可以有方向性地检视内容差异，并寻找自我突破的办法。

留存率

如果说完播率是衡量听众单集是否喜欢的数据标准，那么留存率就是衡量听众是否长期喜欢的数据标准。留存率的定义是在一段时间之后，原来的听众还有多少依然留下来收听你的内容，这部分留下来的听众，其实可以视作你的"铁粉"，因此留存率就是你的"铁粉比例"。留存率一般不会太高，如果是周留存率，10% 以上是很理想的留存率数据，即一周之后，你上周的听众，还有 10% 依然会来收听你的播客，如果是月留存，5% 也是相对不错的成绩。

订阅量

听众喜欢你的专辑，就会点击订阅，订阅后，听众可以很方便地找到你的专辑。在一般情况下，听众出于以下几种目的来点击订阅。

第一，听众认可你的播客，想要长期收听，订阅后方便找到你的专辑。

第二，听众觉得你的播客干货多，用订阅作为收藏夹使用（虽然每个内容平台都有收藏夹，但是用户在收藏时从来都会用他们自己习惯的操作方式）。

第三，听众听了你的播客觉得不错，但是本次收听时间不够，打算做个标记下回继续听。

其中抱着第一种目的的听众再次收听率最高，抱着第二种目的的听众的再次收听率会稍低一些，抱着第三种目的的听众的再次收听率最低，第一次收听没时间听完的听众，往往后面也很难有时间再次收听。不过无论出于哪一种目的，都说明了听众认可你的节目，因此订阅量虽然不一定能衡量出有多少人长期收听，却能衡量出有多少人认可你的内容。

通常在的自媒体平台领域，除了播放量，粉丝量是另一个衡量人气值的重要指标，不过在播客领域，有时候订阅量反而比粉丝量更能说明人气，此时，人气指的就是专辑人气。

粉丝量

粉丝量指的是听众对主播个人账号的关注，因为播客是以专辑为基础打造内容的，而且一个专辑，参与者可能不止一个主播，所以粉丝量可能对播客主播来说不是那么重要，不过我们还是要吸引尽量多的粉丝。一方面，粉丝群体会更关注主播本人，播客是对内容的人性表达，而主播人设的打造，其实也需要听众的认可，粉丝量可以衡量出人设打造的成功度；另一方面，粉丝量是自媒体行业的一个通用指标，在接洽商务合作的时候，是自己账号打造成功与否的重要参考。

接下来，我们一起来看看标签类的运营指标吧！

标签类

用户画像

用户画像是我们最常用的标签类运营指标，我们通过用户画像可以了解我们的用户"长什么样"，包括性别、年龄、所在地、兴趣爱好（他们在平台更喜欢什么内容）等，我们通过用户画像，可以大体解答以下两个问题。

第一，我们专辑的实际收听用户，是不是我们原本预想的那样。我们在策划节目的第一时间，一定有关于用户的筛选，即什么样的人会听我们的节目。在前文中，我们也通过"成为听众"这个环节进行了详细分析，那么在播客已经运营起来后，我们就可以通过实际用户画像来检视一下，我们一开始的预设与真实用户是否有差别。如果有差别，是哪里的差别，是年龄偏大了，还是爱读书的人不多？将我们检视出的差别，反馈到后续节目策划中，逐步调整，以吸引最后的目标用户。

第二，我们的实际收听用户是否喜欢我们的内容。这是一种特殊情况，即如果用户画像的性别、年龄、所在地等标签与我们预设的一样，只是大家对我们的播客内容并不感兴趣，那么我们就需要思考，是换内容还是换用户。换内容，就参考实际用户的真实兴趣点来制作后续内容；换用户，就是依然做已计划好的内容，尝试让感兴趣的用户关注我们，但要时时关注用户画像的标签，看看究竟是什么类型的用户对我们的内容感兴趣，这类用户是否真的是我们想要吸引的那批人。

用户行为

用户行为用来描述用户在平台上都做什么，这与我们了解用户操作习惯及消费偏好息息相关。它包括以下几项。

第一，用户来源，即我们的用户是从哪里关注或者订阅我们的。其中最主要的几个来源包括个人主页、专辑页、播放页、搜索等。通过分析各来源的占比数据，我们可以清楚地了解用户主要通过哪个渠道关注我们。如果我们清楚了这一点，就可以研究对应的提升关注量的方法了。

第二，收听行为，即我们的用户在收听时有哪些习惯。比如，收听时段分布可以帮助我们看到用户通常在什么时间段收听我们的节目。我们把更新时间设定在用户习惯收听时间的半小时前，对于引导用户收听新一期节目就很有帮助。

再比如，平均收听时长可以帮助我们看到用户一次能接受多长时间的内容，我们可以根据这些数据来调整我们的节目时长，以满足用户一次可听完整期节目的诉求。

第三，消费行为，即用户愿意怎么花钱。常见的平台内消费场景通常是会员充值、单集购买、礼物打赏、购买商品等。我们能清楚有多少用户愿意付费，以及大家出现最多的付费行为，这样就可以制定属于我们的变现模式。关于变现，后面章节会详细描述。

第四，互动行为，即我们的用户与音频和专辑的互动。这部分行为包括点赞、评论、分享、收藏。显而易见，收藏是为了方便下次找到节目，是一种积极的互动。点赞包含两类目的，一类是认同和赞赏，另一类是为了收藏。因此，点赞通常表示对内容的认可，是一种积极的互动。我们再看分享，分享也是一种积极的互动，愿意分享的用户，一定是认可内容的用户。最后来看看评论，这个互动不能单纯认为是积极的互动。有些用户不认可你的观点，想表达对节目的不满情绪，也会在评论区留言，这些留言对于后续收听的听众影响还是很大的，会导致一部分听众弃听。针对这部分不太积极的评论，我们要及时诚恳地交流，同时可以将这些评论整理成节目建议，对你的帮助也非常大。总之，不应无视不积极的评论，而要主动面对并接纳。

赛道标签

这个标签内容不是用户标签，而是内容标签。

内容标签包括分类和标签两类。

上面一层是分类，也可能叫频道或其他名字（在有些平台也可能会有其他名词），这是平台的顶级标签。如果是综合音频平台，此时的分类或频道就是播客。如果是播客平台，那么此时的分类就可能是故事、社会、商业、成长等比较大的分类。

下面一层是标签，也可能叫二级分类或其他名字，是用来做细分赛道的。比如社会类，可能还会细分为思维认知、社会纪实、职场纪实、社会热点等标签。此时的标签，几乎可以涵盖我们所能创作的各类播客内容，甚至你的播客专辑，还可能横跨多个标签。播客专辑涵盖多个标签是很正常的，我们选好自己的标签，就相当于在白纸上写下了最早的名字。

以上所讲的关于数据及标签的知识点，是常见平台通用的，可能某些平台数据会更多一些，或者更少一些，这些对于我们分析数据的影响不大，如果数据更多，我们就可以通过更多的信息来更全面了解用户，如果数据更少，我们就利用好能获得的数据来充分分析，数据虽然不齐全，但是总可以总结出对我们有用的东西。

运营分期

运营分期其实相当于运营能力进阶的过程，不同分期并不完全等于时间阶段，而是我们可以达成的层次阶段，任何自媒体平台都不会让一个没运营起来的账号废掉，因此哪怕你已经放弃账号一年了，它依然可以走出困境，进阶"出道"。

运营分期可大致分为以下几个阶段：运营初期、运营进阶期和运营成熟期。

运营初期

此时我们刚开始做内容，可能只上传了一期节目。站在平台的角度看，我们这时就是一张白纸，平台能看到的就是我们前期自己定义的分类和标签，平台会根据分类给我们一定的初始流量，等到我们的数据表现好起来，平台才会给我们推送更多的流量，如果数据表现良好，还会继续推送流量。运营初期相当于运营初始阶段，数据表现不好，我们会一直在此阶段停留，一旦数据表现变好，平台就会把我们带到运营进阶期。

运营进阶期

这个阶段是一个爬升的过程。当我们的播放量、完播量等数据有了起色，此时平台会尝试给我们更多的流量。平台会持续监控我们的数据，如果数据表现好，会推送新的流量；如果数据表现不好，则维持原有流量不变。这个过程会是反复的，我们的单期数据可能会有较大起伏，一期好一期坏，不过此时我们要认真分析是什么原因导致数据好或不好，提炼好的经验，弥补不足，以在平台上有更好的数据表现。

运营成熟期

如果我们经受住了运营进阶期的考验，即最近一个月内，每一期节目的数据表现都良好，那么平台会逐步给我们打上新的标签，认为我们出品的是优质内容，此时新一期节目的初始流量会给足，让我们一开始就能表现良好。此时，我们就进入了运营成熟期，可以稳健运营了。

也有小伙伴在最开始的时候就能做出爆款节目，但我们还是要关注数据，从数据上分析我们的内容是好是坏。如果播放量高但是完播率很低，评论很多但多数是质疑类的，点赞很少，那么我们很可能只是触碰到了热门赛道，而非真正制作出了热门内容。此时，我们还应该参考前面爆款篇章的标准来思考，如何能更吸引人一些。不过对于爆款节目，我们要用平和的心态来面对。并不是每个人在一开始都能做出爆款节目，有时候需要知识和经验相结合，才能积累更多的播客制作心得。

以上就是有关播客的主要运营知识，接下来就一起看看这些数据怎么看。

数据篇：
播客数据怎么看

在上一篇，我们讲解了运营数据的各知识点，那么在本篇，就一起来看看，这些数据该怎么看。

关于这部分内容，我们不会按照上一篇章的结构来一个个介绍知识点，而是把运营数据组合成有实际意义的数据组合。学会看运营数据组合，那么运营的基础，就算过关了！

接下来，我们就看看，运营数据组合能帮我们解决哪些问题吧！

专辑没人听

这个问题是我们刚开始做播客会遇到的第一个问题，辛辛苦苦制作了一期节目，用心挑选话题，邀请了自己认为最合适的嘉宾，花费几天几夜写出来的让自己感动好几次的内容，结果，效果完全看不到。

数据表现可能非常差，此时，我们就先不要从内容角度反思，而是先看看数据吧。

我们能用到的数据先是播放量，同时还需要看完播率、订阅量。

如果播放量不高，完播率很高，新增订阅转化率也大于5%，那么我们的内容其实是没有问题的，播放量不高完全是因为新主播没有推流，此时我们可能需要利用社群、朋友圈、好友转发等私域方式来拉起自己的第一批流量。

我们还要继续看数据，只要我们在私域付出足够多的努力，下一期节目的播放量肯定会高于上一期，完播率可能会有所下滑（很多朋友不会完全听完），订阅量此时没有参考价值（朋友可能不听，但是很多人还是会点个订阅的）。

等这一批流量过去两天之后，我们再看看数据，此时播放量如果有攀升，完播率和新增订阅相比最早一批流量没有明显下降，就说明我们的节目被激活了，此时如果平台有曝光量数据，那么我们可以看到平台曝光会提升很多，从曝光量到播放量的转化率也很关键，如果高于平台的平均数据，那说明此时数据健康，内容制作得当。

如果通过私域没能拉起流量，那我们就要检视内容了，最重要的是审视赛道标签和分类是否与内容偏差较大，导致我们的内容没有被平台推送给合适的用户。我们可以结合前面章节的讲解来规划和重新整理内容。

用户互动少

也有很多人会遇到这种情况，那就是播放量很好，完播率也很高，但是用户没有多少互动，点赞和评论屈指可数，播放页面冷冷清清，根本不像这么高播放量节目应该有的样子。

这种情况也是经常会发生的，而且可以通过分析数据了解原因。

我们来分析用户互动的原理，其实我们也是用户，当一期陌生的节目摆在你面前，没有任何互动展示，首次互动"破冰"就是一件比较难的事情，我们要做的就是想办法实现用户互动的这次"破冰"。

我们来看看用户收听时段，如果我们的更新时间与用户主要收听时段相差比较远的话，作为新专辑，互动"破冰"的确有难度，我们需要调整一下新节目的发布时间，在用户主要收听时段的前半小时到一小时之间发布节目。这样用户看到新节目发布，他们会比较意外，同时会激活他们互动交流的想法。

　　另外，我们也可以自己写首评，开放式地邀约大家来评论区互动留言。比如，"对于本期节目提到的人工智能新玩法，大家有什么奇思妙想都可以留言哦！"

　　这样就可以很好地引导用户来评论区互动。

播放量和订阅量高，但粉丝量却很低

　　有时，我们发现播放量乃至完播率都很好，但是粉丝量却始终上不去。这时，我们可以尝试扩大数据分析范围。

　　当我们把用户行为纳入分析范围，可能就会发现，用户点击主播主页的比例非常低。用户对主播不感兴趣，自然不会成为主播的粉丝，他们只停留在你的一个播客专辑里，如果你后续做了其他专辑，他们不会收听到。

　　通过对运营数据和用户行为的综合分析，我们得出一个结论，愿意收听你节目的用户，可能还没有对你本人产生兴趣。那么，如何让他们想去访问你的主页呢？下面的进阶篇会讲到。

　　那么，就让我们进入进阶篇，来一起看看如何用播客"整活"，让运营"起飞"吧！

进阶篇：
播客"整活"进行时

想要播客做得好，播客"整活"少不了，让听众有新鲜感和参与感，会让播客多些温度和活力，也会增加很多人气。接下来，我们就来看看，播客运营如何"整活"吧。

用户驱动运营

我们做播客是为了给用户收听的，那么让用户驱动，就远比仅让数据驱动更加直观，也更加有价值。

用户驱动，简单来说就是用户亲口告诉我们，喜欢还是不喜欢，喜欢什么。为了做到这一点，我们就需要和用户建立联系。

建立联系的方法，首先是评论区互动，主动查看新增评论。

用户的评论如果是正面的，就表达感谢，如果有可以交流的点，可以与用户详细沟通。

如果是负面的评论，就实事求是地反馈你的看法，也可以表达歉意。

如果是极端的评论或者广告评论，可以在不违反社区禁用词的基础上，给出幽默回复。

如果是纯粹的观点碰撞，我们就用心准备，详细回答。

我们一定要知道，你不只是给评论者回复，同样也是让所有听你播客的人看到你的表现。通过评论，大家可以看到你积极互动、善待听众的良好形象。

这个形象非常重要，每个人都希望被这个世界善待和尊重，对评论置之不理，同样会给人留下负面印象。我们要发自内心喜欢你的听众，善待你的听众。

除了展示态度，我们还可以从评论中提炼出很多建议。我们要把每一条建议都记录下来，然后逐条分析，用孔夫子的话说："择其善者而从之，其不善者而改之"。

用户驱动的另一层面，是社群运营。社群运营的作用非常大，在运营层面，我们可以让用户给我们出主意。

群友的力量是非常大的，每个人都能迸发出你想象不到的灵感。

我们可以通过群友来征集大家想听的话题，此时完全不用担心你的用户会不会喜欢，因为听友群本身就是精准样本。

我们可以通过群友投票选定标题，把我们草拟的几个无法取舍的标题发在群里，让大家投票，众望所归的，必然有其奥妙之处。

我们还可以通过群友来搜集各方对栏目的意见。我相信，群内的群友们，会充分发挥主人翁意识，提出有价值的建议，这样还能让群友们有归属感。越让群友们有归属感，他们能发挥的价值就越大。

和群友有良好的群内互动，他们还会主动帮我们宣传推广，可以说用户驱动的不只是建议，还有宣传。

平面妙用

这里的平面，指的是我们节目的平面内容，也就是页面展示的内容，屏幕小小的显示空间，一样可以起到大作用。

首先来看专辑简介。专辑简介除了可以介绍专辑内容，还可以介绍主播。我前面说过，有时候听众仅仅了解我们的专辑，并不了解主播本人，因此，我们可以在专辑简介这个小小舞台上，展现主播的魅力。

比如在简介中，可以介绍主播的特色和经历，有趣的人讲有趣的事，才更加有趣。我们结合着专辑的主题来介绍主播，一定能取得良好的效果。

此外，在音频介绍中，我们还可以加入本期嘉宾的介绍，并附上嘉宾的自媒体平台账号名称，一方面表达对嘉宾的尊重；另一方面，也可以为嘉宾做宣传推广，互帮互助。

然后，我们来详细看看单集简介，很多人会忽视这个地方。有些播客平台，将单集简介放在从推荐点击进来的第一屏，那么这个简介位置就非常有价值了，我们可以利用这个页面展示本期节目的背景、嘉宾，甚至是内容提纲，让听众快速了解这一期节目能听到什么，这种简单高效与快速直达的方式，是非常符合当下听众的胃口的。

品牌联合

独木不成林，我们个体的力量很弱小，在一开始，我们完全可以依托一个成熟品牌的力量，来助推自己播客的发展。

这里的联合，不一定是联名，能联名固然最好，比如我们联名一家知名文化机构共建一档文化访谈栏目。不过，我们中的绝大多数人可能都没有这类资源用来联名，那么我们可以采用话题联合的方式。

什么是话题联合呢？ 就是我们通过单期节目讨论一个人们熟知的品牌，在标题中有所体现，听众顺着对品牌的兴趣就来收听你的节目，虽然我们没有与话题对象真正联名，不过通过话题讨论，也可以让品牌为你带来流量，比如这个播客标题——《星巴克想绕开咖啡店们来赚钱》。

这样一个标题，很容易让那些对星巴克很熟悉甚至经常去星巴克喝咖啡的人点击进来，虽然我们并没有与星巴克联名，但是利用话题与标题做一次话题联合，就比没有写出品牌的标题更加吸引眼球。

如果你的话题可以列出一个具体的品牌对象，那么它的吸引力和说服力，一定强过抽象的话题。

不过对于话题联合，有些原则还是要遵守的。

首先，不做标题党。标题的内容一定是节目的骨干内容，而非只是一个引子，或者内容中的一个小话题。当然，如果内容里压根就没有标题里写的品牌名称，那更是欺骗听众，完全不可取。

其次，不丑化品牌。有些道听途说的极端内容，不能在节目中大肆宣扬，以我们的力量，真的很难为一个商业话题或者社会话题下定论。我们所了解的，不一定是事情的真相，如果品牌方因此与你协商，十有八九输的是我们自己。我们可以以品牌为题，但不可轻易与品牌为敌。

最后，不拉偏架。这里的拉偏架，指的是我们抬高一个品牌来贬低另一个品牌。这么做是非常不明智的，我们的节目可能在平台发布 10 年、20 年，我们当下的判断和立场，一定是最正确和最坚定的吗？真的未必。不要做几年后被听众们拿来调侃的节目，可以对比、分析品牌，但是不要盖棺论定。

第七章

播客变现宝典

　　我们讲完了如何运营，那么就来看看运营后可以有哪些收获吧！就让我们一起进入本章，来看看播客是如何变现的。

对播客变现的合理化认知

　　播客也属于一种自媒体，大家在谈到自媒体时，不可避免地会讨论变现问题。而播客，我认为是与短视频最相似的自媒体形式。

　　因此，播客的变现方法也与短视频的变现方法有相似之处。我们一起用当前最热门的短视频行业，来对比分析一下对于播客变现的合理化认知吧。

关于变现方式

　　短视频行业，大家都比较清楚，变现方式主要是商家宣传、视频带货、知识付费、社群变现等。

　　在播客领域，我们也可以类比一下，品牌宣传、知识付费、社群变现都是可行的，播客是音频节目，目前还没有带货的途径，既然播客与短视频如此相似，那么未来，我觉得在播客中一定会出现带货的途径。

　　我们先看品牌宣传，播客是非常适合给商家做宣传的，短视频打造人设、表达态度，其实播客也是这样的。我们的节目有人设和态度，天然就是一个好的代言人，于是我们可以给与节目属性不矛盾的品牌做宣传。目前播客渠道很受品牌方青睐，也很容易达成合作，关键要看我们的人设打造和节目数据。

我们接着看知识付费，最常见的知识付费形式就是付费收听。大多数播客，都可以设置专辑付费收听或者单期付费收听，听众为节目收听买单，就是知识付费的基本形态。此外，有些平台有大会员体系，即可以设定会员免费专辑，我们可以参与收取平台的会员收益分成。

最后，我们看看社群变现，在前面的运营章节，我们提到了社群，社群对于运营非常有帮助。在变现环节，社群一旦形成规模和认可，变现就变得容易多了，而且变现方式也很丰富，具体的变现方式我们会在后面详细讲解。

合理化认知

播客变现方式多种多样，看起来胜利似乎就在眼前，不过我们还是要稳住心态，首先建立对播客变现的合理化认知。

第一，收益不等于变现。

收益是一个广义词，不能与变现画等号，非现金的收益对我们来说同样很重要。

比如知名度的提升，可以让我们在某些领域收获更多成就感和资源，长远来看，这远远不是简单变现所能比拟的。

比如粉丝量和听友群的建设，对我们未来打造媒体矩阵更有帮助，优秀的听友群是花钱也买不来的优质资源。

虽然本篇主要介绍播客变现，但是我们做播客的收益，远比单纯变现要重要得多。

第二，播客不可能刚做就变现。

任何自媒体都有一个培育过程，播客自然也是一样的。这个培育过程有长有短，却是必不可少的。

在培育过程中，我们该做什么呢？ 做节目、涨播放、涨订阅、勤互动，即打好播客良好的数据基础。

我们的播客，一般是以专辑为单位来看的，不同的专辑，商业价值不同，每一个专辑都会有打基础的阶段。基础打好了，才会进入变现环节。

第三，变现的收益期较长。

播客的最核心变现方式在于社群，对社群变现要有合理预期，它的特点就是客单价小，但是变现生命周期比较长。一个听友群做得好，可以有 5 年以上的收益期，不过客单价在社群基本做不到太高。因此，我们在社群里，尽量不做性价比不高的变现动作，容易伤害群友，造成不好的影响。

播客变现三大方向初探

好了，我们有了对播客变现的合理化认知，那么接下来就一起探索一下在三大方向该如何变现吧！

品牌宣传

前面我提过，播客与短视频类似，都是打造人设和表达态度的，但并不是所有播客都是这样的，只是我们做好了这两点，更容易具备品牌宣传价值。

人设和态度，我们用一个词语总结起来就是——个人品牌。个人品牌能否做起来，直接影响到是否有品牌宣传价值。

做品牌宣传，首先做个人品牌。个人品牌如何算做起来了呢？我们主要看 3 项指标：播放量、订阅量和互动量。这 3 项指标可以认为是专辑活跃指标，专辑活跃度越高，被品牌方青睐的可能性就越大。新专辑快速提升活跃度，有助于快速收获品牌方的认可。我遇到的最活跃的主播，专辑上线一个半月，节目出了 6 期，就承接了首个品牌宣传任务，如果数据增长情况比较一般，半年到 9 个月也是承接品牌广告的常见窗口期。

有些播客一直没能受到品牌方的青睐，其问题一般不出现在数据上，而可能在于赛道和选题。比如读书播客，我们很难通过读书播客承接品牌方的广告宣传任务，因为爱阅读的人，消费观念往往比较理性，不容易冲动消费。不过，读书播客可以承接出版社等机构的图书宣传推广，这正是另一类专属于读书播客的变现方式。

一般的品牌宣传任务，会以片头广告的形式在节目中体现。我们在做口播时一定要自然和坦荡，做广告没什么不好意思的，有了广告，主播才有收益，听众们都能理解。但是，有两点是听众比较反感的：第一点是把广告结合进内容中；第二点是广告宣传时间过长。

讲完了品牌宣传，接下来，我们来看看知识付费该怎么做。

知识付费

知识付费，从字面意思来看，就是为知识而花钱，我们的知识就是内容，那么我们就可以让用户为内容付费，这是最基本的知识付费方式。

付费内容大体可以分为以下几种。

第一种，单集付费。

单集付费就是某一期节目需要购买才能解锁收听，一般会有短时间试听。这是最常见的内容付费形式，播客平台普遍支持这种内容付费形式。

单集付费需要我们有一定的免费集数，免费集数用来让听众了解你的节目，认可你的节目。听众认可了，才会为你的节目买单。

付费节目需要让听众有足够理由付费。任何消费都需要我们说服自己，才会买单，那么设定付费的这一期节目，从标题、话题到嘉宾，都要比免费内容更优质。这是一个递进关系，免费内容已经很好了，付费内容要更加优质，尤其是标题的关键词和嘉宾知名度要更吸引人，这才是付费内容的重要卖点，卖点足够多，听众才有购买的动力。

如果我们做单集付费，一定要做到付费和免费相结合，即付费集数不超过总集数的一半，一般以 1/3 最合适。付费的单集也不要连续设置，两集免费一集付费是最常用的内容设置组合。

第二种，整张专辑购买。

整张专辑购买是单集付费的进阶形式，整张付费专辑，同样需要一定的试听集数，不过和单集付费的专辑相比，整张付费的专辑会将前几集设置为免费试听，后面开始均为付费内容。

整张付费专辑对我们提出了更高的要求，首先主播有同赛道、同主题的免费专辑是最好的，比如我们策划了一张名为《张三带你看电影》的付费专辑，如果我们原本有一张《张三锐影评》的免费专辑，很受听众热捧，那么付费新专辑的成功率就会大大提升。

有以下几种情况，也可以直接做付费专辑，比如知名品牌联名、全新赛道全新形式、听友群认可度极高等。能做好付费专辑，意味着我们一定在某些方面有过人之处。

第三种，会员付费。

会员付费的经营模式，取决于平台是否支持。一些比较大的综合性平台，因为各类音频节目都很丰富，所以做了会员免费畅听的模式。这种模式，可以让质量不是那么好的专辑，也享受到知识付费模式的收益。

平台会员畅听，对会员来说，没有选择的压力，可以让更多专辑获得收益，不过正是这种普惠的形式，也让专辑收益没有单集付费或专辑付费那么高。

如果我们对自己专辑的质量足够自信，使用单集付费和专辑付费的方式，会更合适一些；如果我们对自己专辑的质量不那么自信，使用平台会员畅听的方式可能会更好一些。

社群变现

社群变现的前提条件是要有社群，这个社群指的是我们专辑或者主播自己的听友群。

当我们有属于自己的听友群之后，我们就拥有了第三个变现渠道。我们该如何利用好这个变现渠道呢？

按下面 3 步走，来探索社群变现的方法吧！

第一步，培育社群的活跃度。我们创建社群后，一定要第一时间让社群活跃起来。要有职责明确的管理员，管理员一定要经常与群友互动，互动不能过于机械，要与群友进行自然的交互。可以发布新节目通知，编排群内互动活动，比如抽奖、征集、专题讨论等，让听友们感受到来自主播的人性温度。用最短的时间，让大家认可主播，认可社群，认可群内发布的信息。

第二步，巩固社群的引领力。社群互动起效后，主播应该及时地开展群内观点引领，即在某些领域，给出一些正确的方向和观点，这些方向与观点，一定是与你做的播客有相关性的，这样你的判断和引领才具备权威性，会更受听众的认可。

比如，你做了一档读书播客，在听友群内开展快速学习方法的引领，听友们的接受程度一定大于你畅谈减肥妙招。

我们在群内做与节目有相关性的干货输出，一方面可以巩固听友们对社群的认可，另一方面还会让听友们潜移默化地接受你输出的内容。

第三步，开展合理化变现。大家一定要牢记，我们可以利用社群变现，但变现一定是理性且克制的。

理性，指的是我们售卖的商品或服务，一定要物有所值。听友是由于信任关系汇聚在我们的社群中的，如果我们辜负了他们的信任，这个根植于听友对主播信任的社群，将会荡然无存。不欺骗是底线。

克制，指的是我们不要频繁售卖各种商品，给听友一种倾销的感觉。即便商品物美价廉，也要考虑大家的感受，毕竟我们建立的是听友群而非购物社群，听友们因节目而聚首，克制地提供商品，是社群变现的生命线，决定了社群的生命力。

　　我们在做理性且克制的营销行为时，随时感受听友们的心理变化，才是我们首先要注意的，然后便可以实施我们的社群营销方案了。

　　社群营销，无非售卖商品或者售卖服务。我们首先来看售卖商品，无论哪类商品，一定要和节目有一定相关性，而且是刚需商品。对于一件可买可不买的商品，如果刚开始售卖就遇冷，对后续其他营销行为的影响非常大，而刚开始售卖就受到热捧，我们才有继续营销的合理性。

　　接下来看售卖服务，服务主要分为会员服务和会员课程两大类，会员服务可以在节目基础上做延伸，此处的合理性是最容易体现的。比如，我们做了一档商业类播客栏目，那么我们可以在社群里给听友们做陪跑、做咨询，这样的话听友们会感觉价值增倍。只要我们做好服务，得到听友们的认可，这个业务的生命力会非常强大。而会员课程，则对我们的要求会高一些，播客节目必须有比较深层的观点触动大家，给听友们以启发，有了启发，听友们才有深造的动力。而此时，我们的课程就给了他们深造的途径，购买才有合理化的路径。不过大家要清楚，有课程需求的人，大多数都有比较明确的预期，课程结束后的服务，就尤为重要。课程学完了，大家学会了没有？ 就业了没有？ 变现了没有？ 这 3 个灵魂拷问，会直接影响后续学员的报名情况，只有前人取得了良好效果，后人才能被激励出坚定的决心。

售卖服务，无论是会员服务还是课程服务，合理化路径比商品更容易找到。但是想做好，我们首先要具备比听友们更强的专业能力，还要踏踏实实为大家着想，做好持续服务的思想准备，一锤子的买卖，容易把社群砸碎。

好了，以上三大方向就是播客目前最常见的变现途径。变现是长期过程，既不能操之过急，也不能失掉信心。只要播客做得好，服务做得用心，变现是水到渠成的事情。

一起加油吧，未来的"小掌柜"们！

播客变现避坑指南

在播客变现方面，虽然我已经给大家指明了不少该规避的风险，但我们还是要充分总结一下需要避开的坑，让我们一起拨开迷雾，看清播客变现的陷阱。

避免小钱思维

这里的小钱思维，不是因客单价太低而不去赚，而是不要沉迷在频繁的低客单价的营销行为中。比如在社群中频繁发起特价拼单，频繁销售低价值服务。

我并非歧视赚这种小钱的行为，而是无论我们做什么样的播客，我们的节目价值都不可能与这些零碎的小生意挂钩，播客节目没有杂货铺性质，而大家来到社群，主要关注的是主播能给予的情绪价值，而我们的情绪价值输出如果始终站在零碎的细小生意上，听友们就会逐渐失去对节目价值的认可，甚至怀疑主播在"挂羊头卖狗肉"，这就得不偿失了。

避免套娃营销

近几年，各类套娃营销层出不穷，会员们办了"VIP"，结果还有"VVIP"在等着大家，平台口碑极差。

而我们的小社群，更经不起信任危机的风吹雨打，因此付费一定是一次性的，明码标价，一次无忧。

我们把本来就不多的服务内容，再精细地"打磨"出五六道收费门槛，听友们凭什么买单？我们要做到让大家花得值，收获大。

谨慎做分销

我从不否认分销是一种有效的营销方式，但是在听友群中，并不合适。

分销的核心理念基于一起赚钱这件事。而我们社群的建立，基于你的节目。这两个基础完全不同的群体，我相信做不好同样的事情。

而且做播客与做分销的，通常也不会是同一类人。如果你可以把分销做得很棒，为何还要考虑做播客变现？

而一个致力于做播客的主播，很可能对分销也如"雾里看花"，听过、见过，但没有亲手试过。这种试错性一般的分销实践，往往折戟沉沙，会把社群掀翻，甚至消耗你的播客口碑。

当然并不是绝对不能做分销，如果你真的二者都擅长，并且播客内容也和赚钱这件事关系密切，那么我们为何不发挥自己所长呢？

分销需要极度谨慎，考虑全面。

第八章

播客的未来

到这里，我们基本讲完了播客目前该怎么做，接下来，就让我们一起探索一下，播客未来的样子吧。下面的内容，属于探索型内容，我来抛砖，争取能启发大家引出属于自己的"美玉"。

来吧，一起畅谈一下播客未来的样子吧！

播客未来什么样

很多人说，播客目前已经很好了，还能怎么变化呢？

其实我也觉得，目前各种类型的播客都有，各种播讲形式俱全。不过，这个世界永远都在不断变迁与演化，没有任何事物会一成不变。我们就来探索一下，播客未来可能演化成什么样子。

更具个人 IP 性

很显然，播客也是一类自媒体，而自媒体真正发展起来的部分，大多基于个人。未来我们的播客，很可能会逐步与个人 IP 完全融合，不再拘泥于某个专业、某条刻意划分的赛道，而只是遵从人设，展现有趣的灵魂和个人犀利的观点。

其实，目前有一部分播客就是这样的，它们如同老友聚会一般闲谈，听起来好像天马行空、不着边际，但是忠实拥趸非常多。大家也爱听他们相互调侃，这其实就是在走个人 IP 的路线，也是生命力最强的一种播客。

不过这类播客，对主播自身能力要求极高，我们需要不断积累各种素材和故事，还要具备优秀的语言表达能力和临场应变能力，才能变成人设"故事会"，走到个人魅力的激活点上。

在未来的播客平台，这样随性和灵活的个人 IP 播客一定会越来越多，也会越来越受听众的认可，我们可以拭目以待。

不仅限于声音

自媒体行业，从来都是最具变化性和灵活性的，也是最容易排列组合的。

比如短视频平台，现在可以做音频直播，而音频平台，也诞生了诸如有声漫画这种声音与视觉相结合的产物。

未来，播客是否也会有视频版的呢？一定会有，但形式上不会是视频访谈节目那种。

我们都知道，播客属于轻量化节目，如果做成视频访谈节目，那岂不是开了"历史"的倒车？不过结合视觉，还是有诸多可能性的。

比如强化弹幕的功能，让大家的热评成为节目必不可少的一部分，边听播客边看大家吐槽，这样的视觉效果，绝对有助于激发大家收听节目的兴趣。

我在运营一章中，曾经强调过互动的重要性，如果做出弹幕功能，那么互动就会成为更重要的运营行为，这对我们"整活"的能力，有更高的要求。运营做得好，其实也是让播客变得更加好玩了，我们也能乐在其中。岂不快哉！

不仅限于平台

好了，现在让我们继续畅想，我们可能会在多个平台更新我们的节目，最后我们的忠实听众们，都集中在了我们的听友群里，那么我们真正的主阵地在哪里？

答案不言自明——社群。

那么我们的节目在哪里？其实听众在哪里，节目就在哪里。节目一定要做得完完整整，在音频平台上播出吗？

非也！

我们完全可以继续进行社群互动，让社群始终具有节目性和故事性。就如同一间温暖的小酒馆，酒和故事已经在这里扎根了，为何还要把大家赶出去收听？

经营好社群，我们的播客，也可以发布在这里，不拘泥于形式，文字的、语音的、集中的、零散的，只要我们创造内容，听众们乐于收听，我们又何乐而不为呢？

好了，上面的 3 个畅想，其实我们现在就能想到，对吧？

既然想到了，我们该不该将它们融入我们现在的播客之中？

形式可能不变，但是内核可以常新。我们不妨时常思考，如何将一些新的、有趣的内容融入节目，这样我们的播客就能永葆青春活力，时刻保持不落伍。

AI 来了，我们还行吗

　　AI（人工智能）是每一个自媒体从业人士都又爱又怕的名词。爱，是因为人工智能可以帮助大家提高制作效率，无论是作图、写文案还是声音合成，它与真人的差距越来越小。而怕，也来源于这一点，AI 似乎无所不能，那么未来，还需要我们真人主播做什么呢？

　　这是一个值得深思的问题。作为自媒体人，我们都无法回避，必须直面应对。不过，也无须过分担心。接下来，就让我们一起看看，如何面对 AI。

越来越淡的 AI 感带给我们的挑战

　　上面的标题有点长，不过对接触过生成式 AI 的主播来说，AI 感越来越淡确实是一个严峻的挑战。

　　所谓 AI 感，指的是 AI 生成内容时的生硬感。无论是文字、图片，还是声音，我们都能很快分辨出来哪些是 AI 所生成的，哪些是真人制作的。

我们是如何分辨的呢？ 那就是 AI 给人一种不自然的感觉，尤其是我们播客的基础技能——声音。

前面章节我提到了自然度的重要性，这是人性的体现。AI 可以模拟语态，却无法做到真实的人性情感，因此生硬感一直是 AI 的硬伤。

目前 AI 的声音不生硬了，语调正常了，甚至一些常用的情绪，也能模拟出来了，AI 感越来越淡了。不过，人性独有的一些特点甚至缺陷，是 AI 感再淡，AI 也无法模拟出来的。

于是，人性的情感，人性的声音，逐渐成为我们真人主播独有的特色，也值得我们主播发扬光大。

在 AI 发展之前，曾几何时，我们真人主播的声音一直朝着发音标准、声音浑厚的"好声音"方向努力发展。而随着 AI 能力越来越强，我们忽然发现，原来人性才是我们最强的优势，也是最能打动听众的地方，于是那份专属于真人的情感和语言的表现力，是我们主播当前阶段所应该追求的核心。

我们真人主播，可以做到以下 3 个方面。

第一，真人的声音不怕有瑕疵，不怕不稳定，有缺陷的才是真实的，有缺陷才显示出个人特点。

第二，不要无特色发音，很多小伙伴为了练好普通话和语言表达，刻意套用平常学习的极其标准的语言表达方式，不过你自己的特点呢？ 不要为了标准而标准，我们原本的语言特色更重要。

第三，增加变化，人性的情绪有起伏，声音自然也会有变化，这种变化，可能是节奏上的，也可能是气息上的，该变化的时候就可以放心变化，不用有顾虑。

对 AI 的正确面对，让我们不再惧怕这个 AI 感越来越淡的时代。

让我们与 AI 和解吧

既然能够正确面对了，我们就可以思考一下，播客主播，能利用 AI 做些什么呢？

就让我们从下面几点，着手借助 AI 来提升我们制作播客的效率吧。

首先，我们可以利用 AI 筛选热点选题。收集选题是一个比较繁重的工作，如果利用 AI 的信息规整能力，我们就可以摆脱繁重的收集工作，此时我们可以对 AI 收集的热点进行人工识别，这样搭配起来，效率就提升了。

其次，我们可以利用 AI 来初定提纲。提纲算是比较标准的内容，让 AI 初步制定，我们再人工复核整理，这样既利用了 AI 的全面和严谨，又有真人干预后体现的人性和个人理解，效率就高多了。

最后，我们可以利用 AI 来训练自己的普通话。在前面章节，我提到了几个比较顽固的普通话发音问题，而在没有参考发音的情况下，我们想要快速改正还真的有难度。那么，如果我们请来一位 AI "老师"，就方便多了，它可以随时帮你纠正发音，甚至快速整理出你的薄弱音涉及的字词，开启专门训练，这样的 AI，还真是惹人爱。

从认识 AI，到使用 AI，再到理解 AI，这是一个与 AI 和解的过程，让它成为你的伙伴，一起做一档你梦寐以求的播客栏目吧！